ŒUVRES COMPLÈTES

DE

M. LE Cte ALFRED DE VIGNY

DE L'ACADÉMIE FRANÇAISE

LIBRAIRIES DE MICHEL LÉVY FRÈRES, ÉDITEURS

ŒUVRES COMPLÈTES

DE

M. LE Cte ALFRED DE VIGNY

DE L'ACADÉMIE FRANÇAISE

NOUVELLE ÉDITION FORMAT GRAND IN-18

Chaque volume se vend séparément

CINQ-MARS OU UNE CONJURATION SOUS LOUIS XIII.	Un volume.
POÉSIES COMPLÈTES.	Un volume
SERVITUDE ET GRANDEUR MILITAIRES.	Un volume.
STELLO.	Un volume.
THÉATRE COMPLET.	Un volume.

ÉDITION FORMAT IN-8 EN SIX VOLUMES

Chaque volume se vend séparément

POISSY. — TYP. ET STÉR. DE A. BOURET

LE Cte ALFRED DE VIGNY

DE L'ACADÉMIE FRANÇAISE

POÉSIES

COMPLÈTES

POÈMES ANTIQUES ET MODERNES
LES DESTINÉES, POËMES PHILOSOPHIQUES

NOUVELLE ÉDITION

REVUE ET CORRIGÉE

Ornée d'un magnifique portrait gravé sur acier

PARIS

MICHEL LÉVY FRÈRES, LIBRAIRES ÉDITEURS

RUE VIVIENNE, 2 BIS, ET BOULEVARD DES ITALIENS, 15

A LA LIBRAIRIE NOUVELLE

1866

Tous droits réservés

Ces poëmes sont choisis par l'auteur parmi ceux qu'il composa dans sa vie errante et militaire. Ce sont les seuls qu'il juge digne d'être conservés.

Plusieurs nouveaux poëmes en remplacent d'autres qu'il retranche de l'élite de ses créations.

L'avenir accepte rarement tout ce que lui lègue un poëte. Il est bon de chercher à deviner son goût et de lui épargner, autant qu'on peut le faire, son travail d'épurations rigides. Si cela est praticable, c'est, comme ici, lorsque doivent paraître des œuvres complètes sous les yeux de leur auteur et lorsqu'il sait se connaître lui-même et se juger sévèrement.

Le seul mérite qu'on n'ait jamais disputé à ces compositions, c'est d'avoir devancé en France toutes celles de ce genre, dans lesquelles une pensée philosophique est mise en scène sous une forme épique ou dramatique.

Ces poëmes portent chacun leur date. Cette date peut être à la fois un titre pour tous et une excuse pour plusieurs; car, dans cette route d'innovations, l'auteur se mit en marche bien jeune, mais le premier.

Août 1837.

LIVRE MYSTIQUE

MOISE

POEME

—

Le soleil prolongeait sur la cime des tentes
Ces obliques rayons, ces flammes éclatantes,
Ces larges traces d'or qu'il laisse dans les airs,
Lorsqu'en un lit de sable il se couche aux déserts.
La pourpre et l'or semblaient revêtir la campagne.
Du stérile Nébo gravissant la montagne,
Moïse, homme de Dieu, s'arrête, et, sans orgueil,
Sur le vaste horizon promène un long coup d'œil.
Il voit d'abord Phasga, que des figuiers entourent ;
Puis, au delà des monts que ses regards parcourent,

S'étend tout Galaad, Éphraïm, Manassé,
Dont le pays fertile à sa droite est placé ;
Vers le midi, Juda, grand et stérile, étale
Ses sables où s'endort la mer occidentale ;
Plus loin, dans un vallon que le soir a pâli,
Couronné d'oliviers, se montre Nephtali ;
Dans des plaines de fleurs magnifiques et calmes,
Jéricho s'aperçoit, c'est la ville des palmes ;
Et, prolongeant ses bois, des plaines de Phogor,
Le lentisque touffu s'étend jusqu'à Ségor.
Il voit tout Chanaan, et la terre promise,
Où sa tombe, il le sait, ne sera point admise.
Il voit ; sur les Hébreux étend sa grande main,
Puis vers le haut du mont il reprend son chemin.

Or, des champs de Moab couvrant la vaste enceinte,
Pressés au large pied de la montagne sainte,
Les enfants d'Israël s'agitaient au vallon
Comme les blés épais qu'agite l'aquilon.
Dès l'heure où la rosée humecte l'or des sables
Et balance sa perle au sommet des érables,
Prophète centenaire, environné d'honneur,
Moïse était parti pour trouver le Seigneur.
On le suivait des yeux aux flammes de sa tête,
Et, lorsque du grand mont il atteignit le faîte,

Lorsque son front perça le nuage de Dieu
Qui couronnait d'éclairs la cime du haut lieu,
L'encens brûla partout sur des autels de pierre,
Et six cent mille Hébreux, courbés dans la poussière,
A l'ombre du parfum par le soleil doré,
Chantèrent d'une voix le cantique sacré;
Et les fils de Lévi, s'élevant sur la foule,
Tels qu'un bois de cyprès sur le sable qui roule,
Du peuple avec la harpe accompagnant les voix,
Dirigeaient vers le ciel l'hymne du Roi des rois.

Et, debout devant Dieu, Moïse ayant pris place,
Dans le nuage obscur lui parlait face à face.
Il disait au Seigneur : « Ne finirai-je pas?
Où voulez-vous encor que je porte mes pas?
Je vivrai donc toujours puissant et solitaire?
Laissez-moi m'endormir du sommeil de la terre.
Que vous ai-je donc fait pour être votre élu?
J'ai conduit votre peuple où vous avez voulu.
Voilà que son pied touche à la terre promise.
De vous à lui qu'un autre accepte l'entremise,
Au coursier d'Israël qu'il attache le frein;
Je lui lègue mon livre et la verge d'airain.

» Pourquoi vous fallut-il tarir mes espérances,
Ne pas me laisser homme avec mes ignorances,
Puisque du mont Horeb jusques au mont Nébo
Je n'ai pas pu trouver le lieu de mon tombeau ?
Hélas! vous m'avez fait sage parmi les sages!
Mon doigt du peuple errant a guidé les passages.
J'ai fait pleuvoir le feu sur la tête des rois ;
L'avenir à genoux adorera mes lois ;
Des tombes des humains j'ouvre la plus antique,
La mort trouve à ma voix une voix prophétique,
Je suis très-grand, mes pieds sont sur les nations,
Ma main fait et défait les générations. —
Hélas! je suis, Seigneur, puissant et solitaire,
Laissez-moi m'endormir du sommeil de la terre!

» Hélas! je sais aussi tous les secrets des cieux,
Et vous m'avez prêté la force de vos yeux.
Je commande à la nuit de déchirer ses voiles ;
Ma bouche par leur nom a compté les étoiles,
Et, dès qu'au firmament mon geste l'appela,
Chacune s'est hâtée en disant : « Me voilà. »
J'impose mes deux mains sur le front des nuages
Pour tarir dans leurs flancs la source des orages ;
J'engloutis les cités sous les sables mouvants ;
Je renverse les monts sous les ailes des vents ;

Mon pied infatigable est plus fort que l'espace;
Le fleuve aux grandes eaux se range quand je passe,
Et la voix de la mer se tait devant ma voix.
Lorsque mon peuple souffre, ou qu'il lui faut des lois,
J'élève mes regards, votre esprit me visite;
La terre alors chancelle et le soleil hésite.
Vos anges sont jaloux et m'admirent entre eux.
Et cependant, Seigneur, je ne suis pas heureux;
Vous m'avez fait vieillir puissant et solitaire,
Laissez-moi m'endormir du sommeil de la terre.

» Sitôt que votre souffle a rempli le berger,
Les hommes se sont dit : « Il nous est étranger; »
Et leurs yeux se baissaient devant mes yeux de flamme,
Car ils venaient, hélas! d'y voir plus que mon âme.
J'ai vu l'amour s'éteindre et l'amitié tarir;
Les vierges se voilaient et craignaient de mourir.
M'enveloppant alors de la colonne noire,
J'ai marché devant tous, triste et seul dans ma gloire,
Et j'ai dit dans mon cœur : « Que vouloir à présent ? »
Pour dormir sur un sein mon front est trop pesant,
Ma main laisse l'effroi sur la main qu'elle touche,
L'orage est dans ma voix, l'éclair est sur ma bouche;
Aussi, loin de m'aimer, voilà qu'ils tremblent tous,
Et, quand j'ouvre les bras, on tombe à mes genoux.

O Seigneur! j'ai vécu puissant et solitaire,
Laissez-moi m'endormir du sommeil de la terre! »

———

Or, le peuple attendait, et, craignant son courroux,
Priait sans regarder le mont du Dieu jaloux;
Car, s'il levait les yeux, les flancs noirs du nuage
Roulaient et redoublaient les foudres de l'orage,
Et le feu des éclairs, aveuglant les regards,
Enchaînait tous les fronts courbés de toutes parts.
Bientôt le haut du mont reparut sans Moïse. —
Il fut pleuré. — Marchant vers la terre promise,
Josué s'avançait pensif, et pâlissant,
Car il était déjà l'élu du Tout-Puissant.

Écrit en 1822.

ELOA

ou
LA SŒUR DES ANGES
MYSTÈRE

> « C'est le serpent, dit-elle ; je l'ai écouté, et il m'a trompée. »
>
> Genèse.

CHANT PREMIER

NAISSANCE

Il naquit sur la terre un ange, dans le temps
Où le Médiateur sauvait ses habitants.
Avec sa suite obscure et comme lui bannie,
Jésus avait quitté les murs de Béthanie ;
A travers la campagne il fuyait d'un pas lent,
Quelquefois s'arrêtait, priant et consolant,
Assis au bord d'un champ le prenait pour symbole
Ou du Samaritain disait la parabole,

La brebis égarée, ou le mauvais pasteur,
Ou le sépulcre blanc pareil à l'imposteur ;
Et, de là, poursuivant sa paisible conquête,
De la Chananéenne écoutait la requête,
A sa fille sans guide enseignait ses chemins,
Puis aux petits enfants il imposait les mains.
L'aveugle-né voyait, sans pouvoir le comprendre,
Le lépreux et le sourd se toucher et s'entendre,
Et tous, lui consacrant des larmes pour adieu,
Ils quittaient le désert où l'on exilait Dieu.
Fils de l'homme et sujet aux maux de la naissance,
Il les commençait tous par le plus grand, l'absence,
Abandonnant sa ville et subissant l'édit,
Pour accomplir en tout ce qu'on avait prédit.

Or, pendant ces temps-là, ses amis en Judée
Voyaient venir leur fin qu'il avait retardée ;
Lazare, qu'il aimait et ne visitait plus,
Vint à mourir, ses jours étaient tous révolus.
Mais l'amitié de Dieu n'est-elle pas la vie ?
Il partit dans la nuit ; sa marche était suivie
Par les deux jeunes sœurs du malade expiré,
Chez qui dans ses périls il s'était retiré.
C'étaient Marthe et Marie ; or, Marie était celle
Qui versa les parfums et fit blâmer son zèle.

Tous s'affligeaient ; Jésus disait en vain : « Il dort. »
Et lui-même, en voyant le linceul et le mort,
Il pleura. — Larme sainte à l'amitié donnée,
Oh ! vous ne fûtes point aux vents abandonnée !
Des séraphins penchés l'urne de diamant,
Invisible aux mortels, vous reçut mollement,
Et, comme une merveille au Ciel même étonnante,
Aux pieds de l'Éternel vous porta rayonnante.
De l'œil toujours ouvert un regard complaisant
Émut et fit briller l'ineffable présent ;
Et l'Esprit-Saint, sur elle épanchant sa puissance,
Donna l'âme et la vie à la divine essence.
Comme l'encens qui brûle aux rayons du soleil
Se change en un feu pur, éclatant et vermeil,
On vit alors, du sein de l'urne éblouissante,
S'élever une forme et blanche et grandissante,
Une voix s'entendit qui disait : « Éloa ! »
Et l'Ange, apparaissant, répondit : « Me voilà. »

Toute parée, aux yeux du Ciel qui la contemple,
Elle marche vers Dieu comme une épouse au temple ;
Son beau front est serein et pur comme un beau lis,
Et d'un voile d'azur il soulève les plis ;
Ses cheveux, partagés comme des gerbes blondes,
Dans les vapeurs de l'air perdent leurs molles ondes,

Comme on voit la comète errante dans les cieux
Fondre au sein de la nuit ses rayons glorieux ;
Une rose aux lueurs de l'aube matinale
N'a pas de son teint frais la rougeur virginale ;
Et la lune, des bois éclairant l'épaisseur,
D'un de ses doux regards n'atteint pas la douceur.
Ses ailes sont d'argent ; sous une pâle robe,
Son pied blanc tour à tour se montre et se dérobe,
Et son sein agité, mais à peine aperçu,
Soulève les contours du céleste tissu.
C'est une femme aussi, c'est une ange charmante ;
Car ce peuple d'esprits, cette famille aimante,
Qui, pour nous, près de nous, prie et veille toujours,
Unit sa pure essence en de saintes amours :
L'archange Raphaël, lorsqu'il vint sur la terre,
Sous le berceau d'Éden conta ce doux mystère.
Mais nulle de ces sœurs que Dieu créa pour eux
N'apporta plus de joie au ciel des Bienheureux.

———

Les Chérubins brûlants qu'enveloppent six ailes,
Les tendres Séraphins, dieux des amours fidèles,
Les Trônes, les Vertus, les Princes, les Ardeurs,
Les Dominations, les Gardiens, les Splendeurs,
Et les Rêves pieux, et les saintes Louanges,
Et tous les Anges purs, et tous les grands Archanges

Et tout ce que le Ciel renferme d'habitants,
Tous, de leurs ailes d'or voilés en même temps,
Abaissèrent leur front jusqu'à ses pieds de neige,
Et les vierges ses sœurs, s'unissant en cortége,
Comme autour de la lune on voit les feux du soir,
Se tenant par la main, coururent pour la voir.
Des harpes d'or pendaient à leur chaste ceinture ;
Et des fleurs qu'au Ciel seul fit germer la nature,
Des fleurs qu'on ne voit pas dans l'été des humains,
Comme une large pluie abondaient sous leurs mains.

« Heureux, chantaient alors des voix incomparables,
Heureux le monde offert à ses pas secourables !
Quand elle aura passé parmi les malheureux,
L'esprit consolateur se répandra sur eux.
Quel globe attend ses pas ? Quel siècle la demande ?
Naîtra-t-il d'autres cieux afin qu'elle y commande ? »

Un jour... (Comment oser nommer du nom de jour
Ce qui n'a pas de fuite et n'a pas de retour ?
Des langages humains défiant l'indigence,
L'éternité se voile à notre intelligence,

Et, pour nous faire entendre un de ces courts instants,
Il faut chercher pour eux un nom parmi les temps.)
Un jour, les habitants de l'immortel empire,
Imprudents une fois, s'unissaient pour l'instruire.
« Éloa, disaient-ils, oh! veillez bien sur vous :
Un Ange peut tomber; le plus beau de nous tous
N'est plus ici : pourtant dans sa vertu première
On le nommait *celui qui porte la lumière*;
Car il portait l'amour et la vie en tout lieu,
Aux astres il portait tous les ordres de Dieu;
La terre consacrait sa beauté sans égale,
Appelant *Lucifer* l'étoile matinale,
Diamant radieux, que sur son front vermeil,
Parmi ses cheveux d'or a posé le soleil.
Mais on dit qu'à présent il est sans diadème,
Qu'il gémit, qu'il est seul, que personne ne l'aime,
Que la noirceur d'un crime appesantit ses yeux,
Qu'il ne sait plus parler le langage des Cieux;
La mort est dans les mots que prononce sa bouche;
Il brûle ce qu'il voit, il flétrit ce qu'il touche;
Il ne peut plus sentir le mal ni les bienfaits;
Il est même sans joie aux malheurs qu'il a faits.
Le Ciel qu'il habita se trouble à sa mémoire,
Nul ange n'oserait vous conter son histoire,
Nul ange n'oserait dire une fois son nom. »
Et l'on crut qu'Éloa le maudirait; mais non,
L'effroi n'altéra point son paisible visage,
Et ce fut pour le Ciel un alarmant présage.

Son premier mouvement ne fut pas de frémir,
Mais plutôt d'approcher comme pour secourir ;
La tristesse apparut sur sa lèvre glacée
Aussitôt qu'un malheur s'offrit à sa pensée ;
Elle apprit à rêver, et son front innocent
De ce trouble inconnu rougit en s'abaissant ;
Une larme brillait auprès de sa paupière.
Heureux ceux dont le cœur verse ainsi la première !

———

Un ange eut ces ennuis qui troublent tant nos jours,
Et poursuivent les grands dans la pompe des cours ;
Mais, au sein des banquets, parmi la multitude,
Un homme qui gémit trouve la solitude ;
Le bruit des nations, le bruit que font les rois,
Rien n'éteint dans son cœur une plus forte voix.
Harpes du Paradis, vous étiez sans prodiges !
Chars vivants dont les yeux ont d'éclatants prestiges !
Armures du Seigneur, pavillons du saint lieu,
Étoiles des bergers tombant des doigts de Dieu,
Saphirs des encensoirs, or du céleste dôme,
Délices du nebel, senteurs du cinnamome.
Vos bruits harmonieux, vos splendeurs, vos parfums
Pour un ange attristé devenaient importuns ;
Les cantiques sacrés troublaient sa rêverie,
Car rien n'y répondait à son âme attendrie

Et soit lorsque Dieu même, appelant les esprits,
Dévoilait sa grandeur à leurs regards surpris,
Et montrait dans les cieux, foyer de la naissance,
Les profondeurs sans nom de sa triple puissance,
Soit quand les chérubins représentaient entre eux
Ou les actes du Christ ou ceux des bienheureux,
Et répétaient au ciel chaque nouveau mystère
Qui, dans les mêmes temps, se passait sur la terre,
La crèche offerte aux yeux des mages étrangers,
La famille au désert, le salut des bergers :
Éloa, s'écartant de ce divin spectacle,
Loin de leur foule et loin du brillant tabernacle,
Cherchait quelque nuage où dans l'obscurité
Elle pourrait du moins rêver en liberté.

———

Les anges ont des nuits comme la nuit humaine.
Il est dans le Ciel même une pure fontaine ;
Une eau brillante y court sur un sable vermeil ;
Quand un ange la puise, il dort, mais d'un sommeil
Tel que le plus aimé des amants de la terre
N'en voudrait pas quitter le charme solitaire,
Pas même pour revoir dormant auprès de lui
La beauté dont la tête a son bras pour appui.
Mais en vain Éloa s'abreuvait dans son onde,
Sa douleur inquiète en était plus profonde ;

Et toujours dans la nuit un rêve lui montrait
Un ange malheureux qui de loin l'implorait.
Les vierges quelquefois, pour connaitre sa peine,
Formant une prière inentendue et vaine,
L'entouraient, et, prenant ces soins qui font souffrir,
Demandaient quels trésors il lui fallait offrir,
Et de quel prix serait son éternelle vie,
Si le bonheur du Ciel flattait peu son envie ;
Et pourquoi son regard ne cherchait pas enfin
Les regards d'un archange ou ceux d'un séraphin.
Éloa répondait une seule parole :
« Aucun d'eux n'a besoin de celle qui console.
On dit qu'il en est un... » Mais, détournant leurs pas,
Les vierges s'enfuyaient et ne le nommaient pas.

Cependant, seule, un jour, leur timide compagne,
Regarde autour de soi la céleste campagne,
Étend l'aile et sourit, s'envole, et dans les airs
Cherche sa terre amie ou des astres déserts.

Ainsi dans les forêts de la Louisiane,
Bercé sous les bambous et la longue liane,
Ayant rompu l'œuf d'or par le soleil mûri,
Sort de son lit de fleurs l'éclatant colibri ;
Une verte émeraude a couronné sa tête,
Des ailes sur son dos la pourpre est déjà prête,
La cuirasse d'azur garnit son jeune cœur,
Pour les luttes de l'air l'oiseau part en vainqueur...
Il promène en des lieux voisins de la lumière
Ses plumes de corail qui craignent la poussière ;
Sous son abri sauvage étonnant le ramier,
Le hardi voyageur visite le palmier.
La plaine des parfums est d'abord délaissée ;
Il passe, ambitieux, de l'érable à l'alcée,
Et de tous ses festins croit trouver les apprêts
Sur le front du palmiste ou les bras du cyprès ;
Mais les bois sont trop grands pour ses ailes naissantes,
Et les fleurs du berceau de ces lieux sont absentes ;
Sur la verte savane il descend les chercher ;
Les serpents-oiseleurs qu'elles pourraient cacher
L'effarouchent bien moins que les forêts arides.
Il poursuit près des eaux le jasmin des Florides,
La nonpareille au fond de ses chastes prisons,
Et la fraise embaumée au milieu des gazons.

C'est ainsi qu'Éloa, forte dès sa naissance,
De son aile argentée essayant la puissance,
Passant la blanche voie où des feux immortels
Brûlent aux pieds de Dieu comme un amas d'autels,
Tantôt se balançant sur deux jeunes planètes,
Tantôt posant ses pieds sur le front des comètes,
Afin de découvrir les êtres nés ailleurs,
Arriva seule au fond des Cieux inférieurs.

L'Éther a ses degrés, d'une grandeur immense,
Jusqu'à l'ombre éternelle où le chaos commence.
Sitôt qu'un ange a fui l'azur illimité,
Coupole de saphirs qu'emplit la Trinité,
Il trouve un air moins pur ; là passent des nuages,
Là tournent des vapeurs, serpentent des orages,
Comme une garde agile, et dont la profondeur
De l'air que Dieu respire éteint pour nous l'ardeur.
Mais, après nos soleils et sous les atmosphères
Où, dans leur cercle étroit, se balancent nos sphères,
L'espace est désert, triste, obscur, et sillonné
Par un noir tourbillon lentement entraîné.
Un jour douteux et pâle éclaire en vain la nue,
Sous elle est le chaos et la nuit inconnue ;
Et, lorsqu'un vent de feu brise son sein profond,
On devine le vide impalpable et sans fond.

Jamais les purs esprits, enfants de la lumière,
De ces trois régions n'atteignent la dernière.
Et jamais ne s'égare aucun beau séraphin
Sur ces degrés confus dont l'Enfer est la fin.
Même les chérubins, si forts et si fidèles,
Craignent que l'air impur ne manque sous leurs ailes,
Et qu'ils ne soient forcés, dans ce vol dangereux,
De tomber jusqu'au fond du chaos ténébreux.
Que deviendrait alors l'exilé sans défense?
Du rire des démons l'inextinguible offense,
Leurs mots, leurs jeux railleurs, lent et cruel affront,
Feraient baisser ses yeux, feraient rougir son front.
Péril plus grand! peut-être il lui faudrait entendre
Quelque chant d'abandon voluptueux et tendre,
Quelque regret du Ciel, un récit douloureux
Dit par la douce voix d'un ange malheureux.
Et même, en lui prêtant une oreille attendrie,
Il pourrait oublier la céleste patrie,
Se plaire sous la nuit et dans une amitié
Qu'auraient nouée entre eux les chants et la pitié.
Et comment remonter à la voûte azurée,
Offrant à la lumière éclatante et dorée
Des cheveux dont les flots sont épars et ternis,
Des ailes sans couleurs, des bras, un col brunis,

Un front plus pâle, empreint de traces inconnues
Parmi les fronts sereins des habitants des nues,
Des yeux dont la rougeur montre qu'ils ont pleuré,
Et des pieds noirs encor d'un feu pestiféré ?

———

Voilà pourquoi, toujours prudents et toujours sages,
Les anges de ces lieux redoutent les passages.

———

C'était là cependant, sur la sombre vapeur,
Que la vierge Éloa se reposait sans peur :
Elle ne se troubla qu'en voyant sa puissance,
Et les bienfaits nouveaux causés par sa présence.
Quelques mondes punis semblaient se consoler ;
Les globes s'arrêtaient pour l'entendre voler.
S'il arrivait aussi qu'en ces routes nouvelles
Elle touchât l'un d'eux des plumes de ses ailes,
Alors tous les chagrins s'y taisaient un moment,
Les rivaux s'embrassaient avec étonnement ;
Tous les poignards tombaient oubliés par la haine ;
Le captif souriant marchait seul et sans chaîne ;

Le criminel rentrait au temple de la loi ;
Le proscrit s'asseyait au palais de son roi ;
L'inquiète insomnie abandonnait sa proie ;
Les pleurs cessaient partout, hors les pleurs de la joie ;
Et, surpris d'un bonheur rare chez les mortels,
Les amants séparés s'unissaient aux autels.

CHANT DEUXIÈME

SÉDUCTION

Souvent parmi les monts qui dominent la terre
S'ouvre un puits naturel, profond et solitaire ;
L'eau qui tombe du ciel s'y garde, obscur miroir
Où, dans le jour, on voit les étoiles du soir.
Là, quand la villageoise a, sous la corde agile,
De l'urne, au fond des eaux, plongé la frêle argile,
Elle y demeure oisive, et contemple longtemps
Ce magique tableau des astres éclatants,
Qui semble orner son front, dans l'onde souterraine,
D'un bandeau qu'enviraient les cheveux d'une reine.
Telle, au fond du chaos qu'observaient ses beaux yeux,
La vierge, en se penchant, croyait voir d'autres Cieux.

Ses regards, éblouis par les soleils sans nombre,
N'apercevaient d'abord qu'un abîme et que l'ombre.
Mais elle y vit bientôt des feux errants et bleus
Tels que des froids marais les éclairs onduleux;
Ils fuyaient, revenaient, puis échappaient encore;
Chaque étoile semblait poursuivre un météore;
Et l'ange, en souriant au spectacle étranger,
Suivait des yeux leur vol circulaire et léger.
Bientôt il lui sembla qu'une pure harmonie
Sortait de chaque flamme à l'autre flamme unie :
Tel est le choc plaintif et le son vague et clair
Des cristaux suspendus au passage de l'air,
Pour que, dans son palais, la jeune Italienne
S'endorme en écoutant la harpe éolienne.
Ce bruit lointain devint un chant surnaturel
Qui parut s'approcher de la fille du Ciel;
Et ces feux réunis furent comme l'aurore
D'un jour inespéré qui semblait près d'éclore.
A sa lueur de rose un nuage embaumé
Montait en longs détours dans un air enflammé,
Puis lentement forma sa couche d'ambroisie,
Pareille à ces divans où dort la molle Asie.
Là, comme un ange assis, jeune, triste et charmant,
Une forme céleste apparut vaguement.

Quelquefois un enfant de la Clyde écumeuse,
En bondissant parcourt sa montagne brumeuse,
Et chasse un daim léger que son cor étonna,
Des glaciers de l'Arven aux brouillards du Crona,
Franchit les rocs mousseux, dans les gouffres s'élance,
Pour passer le torrent aux arbres se balance,
Tombe avec un pied sûr, et s'ouvre des chemins
Jusqu'à la neige encor vierge de pas humains;
Mais bientôt, s'égarant au milieu des nuages,
Il cherche les sentiers voilés par les orages;
Là, sous un arc-en-ciel qui couronne les eaux,
S'il a vu, dans la nue et ses vagues réseaux,
Passer le plaid léger d'une Écossaise errante,
Et s'il entend sa voix dans les échos mourante,
Il s'arrête enchanté, car il croit que ses yeux
Viennent d'apercevoir la sœur de ses aïeux,
Qui va faire frémir, ombre encore amoureuse,
Sous ses doigts transparents la harpe vaporeuse;
Il cherche alors comment Ossian la nomma,
Et, debout sur sa roche, appelle Évir-Coma.

———

Non moins belle apparut, mais non moins incertaine,
De l'ange ténébreux la forme encor lointaine,
Et des enchantements non moins délicieux
De la vierge céleste occupèrent les yeux.

Comme un cygne endormi qui seul, loin de la rive,
Livre son aile blanche à l'onde fugitive,
Le jeune homme inconnu mollement s'appuyait
Sur ce lit de vapeurs qui sous ses bras fuyait.
Sa robe était de pourpre, et, flamboyante ou pâle,
Enchantait les regards des teintes de l'opale.
Ses cheveux étaient noirs, mais pressés d'un bandeau;
C'était une couronne ou peut-être un fardeau :
L'or en était vivant comme ces feux mystiques
Qui, tournoyants, brûlaient sur les trépieds antiques.
Son aile était ployée, et sa faible couleur
De la brume des soirs imitait la pâleur.
Des diamants nombreux rayonnent avec grâce
Sur ses pieds délicats qu'un cercle d'or embrasse ;
Mollement entourés d'anneaux mystérieux,
Ses bras et tous ses doigts éblouissent les yeux.
Il agite sa main d'un sceptre d'or armée,
Comme un roi qui d'un mont voit passer son armée,
Et, craignant que ses vœux ne s'accomplissent pas,
D'un geste impatient accuse tous ses pas :
Son front est inquiet; mais son regard s'abaisse,
Soit que, sachant des yeux la force enchanteresse,
Il veuille ne montrer d'abord que par degrés
Leurs rayons caressants encor mal assurés,
Soit qu'il redoute aussi l'inventaire flamme
Qui dans un seul regard révèle l'âme à l'âme.
Tel que dans la forêt le doux vent du matin
Commence ses soupirs par un bruit incertain

Qui réveille la terre et fait palpiter l'onde;
Élevant lentement sa voix douce et profonde,
Et prenant un accent triste comme un adieu,
Voici les mots qu'il dit à la fille de Dieu :

« D'où viens-tu, bel archange? où vas-tu? quelle voie
Suit ton aile d'argent qui dans l'air se déploie?
Vas-tu, te reposant au centre d'un soleil,
Guider l'ardent foyer de son cercle vermeil;
Ou, troublant les amants d'une crainte idéale,
Leur montrer dans la nuit l'aurore boréale;
Partager la rosée aux calices des fleurs,
Ou courber sur les monts l'écharpe aux sept couleurs?
Tes soins ne sont-ils pas de surveiller les âmes,
Et de parler, le soir, au cœur des jeunes femmes;
De venir comme un rêve en leurs bras te poser,
Et de leur apporter un fils dans un baiser?
Tels sont tes doux emplois, si du moins j'en veux croire
Ta beauté merveilleuse et tes rayons de gloire.
Mais plutôt n'es-tu pas un ennemi naissant
Qu'instruit à me haïr mon rival trop puissant?
Ah! peut-être est-ce toi qui, m'offensant moi-même,
Conduiras mes païens sous les eaux du baptême;
Car toujours l'ennemi m'oppose triomphant
Le regard d'une vierge ou la voix d'un enfant.

Je suis un exilé que tu cherchais peut-être :
Mais, s'il est vrai, prends garde au Dieu jaloux ton maître ;
C'est pour avoir aimé, c'est pour avoir sauvé,
Que je suis malheureux, que je suis réprouvé.
Chaste beauté! viens-tu me combattre ou m'absoudre?
Tu descends de ce Ciel qui m'envoya la foudre,
Mais si douce à mes yeux, que je ne sais pourquoi
Tu viens aussi d'en haut, bel ange, contre moi. »

———

Ainsi l'Esprit parlait. A sa voix caressante,
Prestige préparé contre une âme innocente,
A ces douces lueurs, au magique appareil
De cet ange si doux, à ses frères pareil,
L'habitante des Cieux, de son aile voilée,
Montait en reculant sur sa route étoilée,
Comme on voit la baigneuse au milieu des roseaux
Fuir un jeune nageur qu'elle a vu sous les eaux.
Mais en vain ses deux pieds s'éloignaient du nuage,
Autant que la colombe en deux jours de voyage
Peut s'éloigner d'Alep et de la blanche tour
D'où la sultane envoie une lettre d'amour :
Sous l'éclair d'un regard sa force fut brisée ;
Et, dès qu'il vit ployer son aile maîtrisée,
L'ennemi séducteur continua tout bas :

« Je suis celui qu'on aime et qu'on ne connaît pas.
Sur l'homme j'ai fondé mon empire de flamme,
Dans les désirs du cœur, dans les rêves de l'âme,
Dans les désirs du corps, attraits mystérieux,
Dans les trésors du sang, dans les regards des yeux.
C'est moi qui fais parler l'épouse dans ses songes;
La jeune fille heureuse apprend d'heureux mensonges;
Je leur donne des nuits qui consolent des jours,
Je suis le roi secret des secrètes amours.
J'unis les cœurs, je romps les chaînes rigoureuses,
Comme le papillon sur ses ailes poudreuses
Porte aux gazons émus des peuplades de fleurs,
Et leur fait des amours sans périls et sans pleurs.
J'ai pris au Créateur sa faible créature;
Nous avons, malgré lui, partagé la nature :
Je le laisse, orgueilleux des bruits du jour vermeil,
Cacher des astres d'or sous l'éclat d'un soleil;
Moi, j'ai l'ombre muette, et je donne à la terre
La volupté des soirs et les biens du mystère.
Es-tu venue, avec quelques anges des cieux,
Admirer de mes nuits le cours délicieux?
As-tu vu leurs trésors? Sais-tu quelles merveilles
Des anges ténébreux accompagnent les veilles?

« Sitôt que, balancé sous le pâle horizon,
Le soleil rougissant a quitté le gazon,
Innombrables esprits, nous volons dans les ombres
En secouant dans l'air nos chevelures sombres;
L'odorante rosée alors jusqu'au matin
Pleut sur les orangers, le lilas et le thym.
La nature, attentive aux lois de mon empire,
M'accueille avec amour, m'écoute et me respire;
Je redeviens son âme, et pour mes doux projets,
Du fond des éléments j'évoque mes sujets.
Convive accoutumé de ma nocturne fête,
Chacun d'eux en chantant à s'y rendre s'apprête.
Vers le ciel étoilé, dans l'orgueil de son vol,
S'élance le premier l'éloquent rossignol;
Sa voix sonore, à l'onde, à la terre, à la nue,
De mon heure chérie annonce la venue;
Il vante mon approche aux pâles alisiers,
Il la redit encore aux humides rosiers;
Héraut harmonieux, partout il me proclame;
Tous les oiseaux de l'ombre ouvrent leurs yeux de flamme.
Le vermisseau reluit; son front de diamant
Répète auprès des fleurs les feux du firmament,
Et lutte de clartés avec le météore
Qui rôde sur les eaux comme une pâle aurore.
L'étoile des marais, que détache ma main,
Tombe et trace dans l'air un lumineux chemin.

» Dédaignant le remords et sa triste chimère,
Si la vierge a quitté la couche de sa mère,
Ces flambeaux naturels s'allument sous ses pas,
Et leur feu clair la guide et ne la trahit pas.
Si sa lèvre s'altère et vient près du rivage
Chercher comme une coupe un profond coquillage,
L'eau soupire et bouillonne, et devant ses pieds nus
Jette aux bords sablonneux la conque de Vénus.
Des esprits lui font voir de merveilleuses choses,
Sous des bosquets remplis de la senteur des roses ;
Elle aperçoit sur l'herbe, où leur main la conduit,
Ces fleurs dont la beauté ne s'ouvre que la nuit,
Pour qui l'aube du jour aussi sera cruelle,
Et dont le sein modeste a des amours comme elle.
Le silence la suit ; tout dort profondément ;
L'ombre écoute un mystère avec recueillement.
Les vents, des prés voisins, apportent l'ambroisie
Sur la couche des bois que l'amant a choisie.
Bientôt deux jeunes voix murmurent des propos
Qui des bocages sourds animent le repos.
Au front de l'orme épais dont l'abri les accueille,
L'oiseau réveillé chante et bruit sous la feuille.
L'hymne de volupté fait tressaillir les airs,
Les arbres ont leurs chants, les buissons leurs concerts,
Et, sur les bords d'une eau qui gémit et s'écoule,
La colombe de nuit languissamment roucoule.

» La voilà sous tes yeux l'œuvre du Malfaiteur ;
Ce méchant qu'on accuse est un consolateur
Qui pleure sur l'esclave et le dérobe au maître,
Le sauve par l'amour des chagrins de son être,
Et, dans le mal commun lui-même enseveli,
Lui donne un peu de charme et quelquefois l'oubli. »
Trois fois, durant ces mots, de l'Archange naissante,
La rougeur colora la joue adolescente,
Et, luttant par trois fois contre un regard impur,
Une paupière d'or voila ses yeux d'azur.

CHANT TROISIÈME

CHUTE

D'où venez-vous, Pudeur, noble crainte, ô mystère,
Qu'au temps de son enfance a vu naître la terre,
Fleur de ses premiers jours qui germez parmi nous,
Rose du Paradis! Pudeur, d'où venez-vous?
Vous pouvez seule encor remplacer l'innocence,
Mais l'arbre défendu vous a donné naissance;
Au charme des vertus votre charme est égal,
Mais vous êtes aussi le premier pas du mal;
D'un chaste vêtement votre sein se décore :
Ève avant le serpent n'en avait pas encore;
Et, si le voile pur orne votre maintien,
C'est un voile toujours, et le crime a le sien.

Tout vous trouble, un regard blesse votre paupière,
Mais l'enfant ne craint rien, et cherche la lumière.
Sous ce pouvoir nouveau, la vierge fléchissait,
Elle tombait déjà, car elle rougissait ;
Déjà presque soumise au joug de l'Esprit sombre,
Elle descend, remonte, et redescend dans l'ombre.
Telle on voit la perdrix voltiger et planer
Sur des épis brisés qu'elle voudrait glaner,
Car tout son nid l'attend ; si son vol se hasarde,
Son regard ne peut fuir celui qui la regarde...
Et c'est le chien d'arrêt qui, sombre surveillant,
La suit, la suit toujours d'un œil fixe et brillant.

O des instants d'amour ineffable délire !
Le cœur répond au cœur comme l'air à la lyre.
Ainsi qu'un jeune amant, interprète adoré,
Explique le désir par lui-même inspiré,
Et contre la pudeur aidant sa bien-aimée,
Entraînant dans ses bras sa faiblesse charmée,
Tout enivré d'espoir, plus qu'à demi vainqueur,
Prononce les serments qu'elle fait dans son cœur,
Le prince des Esprits, d'une voix oppressée,
De la vierge timide expliquait la pensée.
Éloa, sans parler, disait : « Je suis à toi ; »
Et l'ange ténébreux dit tout bas : « Sois à moi !

» Sois à moi, sois ma sœur ; je t'appartiens moi-même ;
Je l'ai bien méritée, et dès longtemps je t'aime.
Car je t'ai vue un jour. Parmi les fils de l'air
Je me mêlais, voilé comme un soleil d'hiver.
Je revis une fois l'ineffable contrée,
Des peuples lumineux la patrie azurée,
Et n'eus pas un regret d'avoir quitté ces lieux
Où la crainte toujours siége parmi les Dieux.
Toi seule m'apparus comme une jeune étoile
Qui de la vaste nuit perce à l'écart le voile ;
Toi seule me parus ce qu'on cherche toujours,
Ce que l'homme poursuit dans l'ombre de ses jours,
Le dieu qui du bonheur connaît seul le mystère
Et la reine qu'attend mon trône solitaire.
Enfin, par ta présence, habile à me charmer,
Il me fut révélé que je pouvais aimer.

―――

» Soit que tes yeux, voilés d'une ombre de tristesse.
Aient entendu les miens qui les cherchaient sans cesse,
Soit que ton origine, aussi douce que toi,
T'ait fait une patrie un peu plus près de moi,
Je ne sais, mais, depuis l'heure qui te vit naître,
Dans tout être créé j'ai cru te reconnaître ;
J'ai trois fois en pleurant passé dans l'univers ;
Je te cherchais partout : dans un souffle des airs,

Dans un rayon tombé du disque de la lune,
Dans l'étoile qui fuit le ciel qui l'importune,
Dans l'arc-en-ciel, passage aux anges familier,
Ou sur le lit moelleux des neiges du glacier ;
Des parfums de ton vol je respirais la trace ;
En vain j'interrogeai les globes de l'espace,
Du char des astres purs j'obscurcis les essieux,
Je voilai leurs rayons pour attirer tes yeux,
J'osai même, enhardi par mon nouveau délire,
Toucher les fibres d'or de la céleste lyre.
Mais tu n'entendis rien, mais tu ne me vis pas.
Je revins à la terre, et je glissai mes pas
Sous les abris de l'homme où tu reçus naissance.
Je croyais t'y trouver protégeant l'innocence,
Au berceau balancé d'un enfant endormi,
Rafraîchissant sa lèvre avec un souffle ami ;
Ou bien comme un rideau développant ton aile,
Et gardant contre moi, timide sentinelle,
Le sommeil de la vierge aux côtés de sa sœur,
Qui, rêvant, sur son sein la presse avec douceur.
Mais seul je retournai sous ma belle demeure,
J'y pleurai comme ici, j'y gémis, jusqu'à l'heure
Où le son de ton vol m'émut, me fit trembler,
Comme un prêtre qui sent que son Dieu va parler. »

Il disait ; et bientôt comme une jeune reine,
Qui rougit de plaisir au nom de souveraine,
Et fait à ses sujets un geste gracieux,
Ou donne à leurs transports un regard de ses yeux,
Éloa, soulevant le voile de sa tête,
Avec un doux sourire à lui parler s'apprête,
Descend plus près de lui, se penche, et mollement
Contemple avec orgueil son immortel amant.
Son beau sein, comme un flot qui sur la rive expire,
Pour la première fois se soulève et soupire ;
Son bras, comme un lis blanc sur le lac suspendu,
S'approche sans effroi lentement étendu ;
Sa bouche parfumée en s'ouvrant semble éclore,
Comme la jeune rose aux faveurs de l'aurore,
Quand le matin lui verse une fraîche liqueur,
Et qu'un rayon du jour entre jusqu'à son cœur.
Elle parle, et sa voix dans un beau son rassemble
Ce que les plus doux bruits auraient de grâce ensemble ;
Et la lyre accordée aux flûtes dans les bois,
Et l'oiseau qui se plaint pour la première fois,
Et la mer quand ses flots apportent sur la grève
Les chants du soir aux pieds du voyageur qui rêve,
Et le vent qui se joue aux cloches des hameaux,
Ou fait gémir les joncs de la fuite des eaux :

« Puisque vous êtes beau, vous êtes bon, sans doute;
Car, sitôt que des Cieux une âme prend la route,
Comme un saint vêtement, nous voyons sa bonté
Lui donner en entrant l'éternelle beauté.
Mais pourquoi vos discours m'inspirent-ils la crainte?
Pourquoi sur votre front tant de douleur empreinte?
Comment avez-vous pu descendre du saint lieu?
Et comment m'aimez-vous, si vous n'aimez pas Dieu? »

Le trouble des regards, grâce de la décence,
Accompagnait ces mots, forts comme l'innocence;
Ils tombaient de sa bouche, aussi doux, aussi purs,
Que la neige en hiver sur les coteaux obscurs;

Et comme, tout nourris de l'essence première,
Les anges ont au cœur des sources de lumière,
Tandis qu'elle parlait, ses ailes à l'entour,
Et son sein et son bras répandirent le jour :
Ainsi le diamant luit au milieu des ombres.
L'archange s'en effraye, et sous ses cheveux sombres
Cherche un épais refuge à ses yeux éblouis;
Il pense qu'à la fin des temps évanouis,
Il lui faudra de même envisager son maître,
Et qu'un regard de Dieu le brisera peut-être;

Il se rappelle aussi tout ce qu'il a souffert
Après avoir tenté Jésus dans le désert.
Il tremble ; sur son cœur où l'enfer recommence,
Comme un sombre manteau jette son aile immense,
Et veut fuir. La terreur réveillait tous ses maux.

Sur la neige des monts, couronne des hameaux,
L'Espagnol a blessé l'aigle des Asturies,
Dont le vol menaçait ses blanches bergeries ;
Hérissé, l'oiseau part et fait pleuvoir le sang,
Monte aussi vite au ciel que l'éclair en descend,
Regarde son soleil, d'un bec ouvert l'aspire,
Croit reprendre la vie au flamboyant empire ;
Dans un fluide d'or il nage puissamment,
Et parmi les rayons se balance un moment :
Mais l'homme l'a frappé d'une atteinte trop sûre ;
Il sent le plomb chasseur fondre dans sa blessure ;
Son aile se dépouille, et son royal manteau
Vole comme un duvet qu'arrache le couteau.
Dépossédé des airs, son poids le précipite ;
Dans la neige du mont il s'enfonce et palpite,
Et la glace terrestre a d'un pesant sommeil
Fermé cet œil puissant respecté du soleil.

Tel, retrouvant ses maux au fond de sa mémoire,
L'ange maudit pencha sa chevelure noire,
Et se dit, pénétré d'un chagrin infernal :
« Triste amour du péché ! sombres désirs du mal !
De l'orgueil, du savoir gigantesques pensées !
Comment ai-je connu vos ardeurs insensées ?
Maudit soit le moment où j'ai mesuré Dieu !
Simplicité du cœur, à qui j'ai dit adieu !
Je tremble devant toi, mais pourtant je t'adore ;
Je suis moins criminel puisque je t'aime encore ;
Mais dans mon sein flétri tu ne reviendras pas !
Loin de ce que j'étais, quoi ! j'ai fait tant de pas !
Et de moi-même à moi si grande est la distance,
Que je ne comprends plus ce que dit l'innocence ;
Je souffre, et mon esprit, par le mal abattu,
Ne peut plus remonter jusqu'à tant de vertu.

» Qu'êtes-vous devenus, jours de paix, jours célestes ?
Quand j'allais, le premier de ces anges modestes,
Prier à deux genoux devant l'antique loi,
Et ne pensais jamais au delà de la foi !
L'éternité pour moi s'ouvrait comme une fête ;
Et, des fleurs dans mes mains, des rayons sur ma tête,
Je souriais, j'étais... J'aurais peut-être aimé ! »

Le Tentateur lui-même était presque charmé,
Il avait oublié son art et sa victime,
Et son cœur un moment se reposa du crime.
Il répétait tout bas, et le front dans ses mains :
« Si je vous connaissais, ô larmes des humains! »

———

Ah! si dans ce moment la vierge eût pu l'entendre,
Si sa céleste main qu'elle eût osé lui tendre
L'eût saisi repentant, docile à remonter...
Qui sait? le mal peut-être eût cessé d'exister.
Mais, sitôt qu'elle vit sur sa tête pensive
De l'enfer décelé la douleur convulsive,
Étonnée et tremblante, elle éleva ses yeux;
Plus forte, elle parut se souvenir des Cieux,
Et souleva deux fois ses ailes argentées,
Entr'ouvrant pour gémir ses lèvres enchantées;
Ainsi qu'un jeune enfant, s'attachant aux roseaux,
Tente de faibles cris étouffés sous les eaux.
Il la vit prête à fuir vers les Cieux de lumière.
Comme un tigre éveillé bondit dans la poussière,
Aussitôt en lui-même, et plus fort désormais,
Retrouvant cet esprit qui ne fléchit jamais,
Ce noir esprit du mal qu'irrite l'innocence,
Il rougit d'avoir pu douter de sa puissance,
Il rétablit la paix sur son front radieux,

Rallume tout à coup l'audace de ses yeux,
Et longtemps en silence il regarde et contemple
La victime du Ciel qu'il destine à son temple ;
Comme pour lui montrer qu'elle résiste en vain,
Et s'endurcir lui-même à ce regard divin.
Sans amour, sans remords, au fond d'un cœur de glace,
Des coups qu'il va porter il médite la place,
Et, pareil au guèrrier qui, tranquille à dessein,
Dans les défauts du fer cherche à frapper le sein,
Il compose ses traits sur les désirs de l'ange ;
Son air, sa voix, son geste et son maintien, tout change ;
Sans venir de son cœur, des pleurs fallacieux
Paraissent tout à coup sur le bord de ses yeux.
La vierge dans le Ciel n'avait pas vu de larmes,
Et s'arrête ; un soupir augmente ses alarmes.
Il pleure amèrement comme un homme exilé,
Comme une veuve auprès de son fils immolé ;
Ses cheveux dénoués sont épars ; rien n'arrête
Les sanglots de son sein qui soulèvent sa tête.
Éloa vient et pleure ; ils se parlent ainsi :

« Que vous ai-je donc fait ? Qu'avez-vous ? Me voici.
— Tu cherches à me fuir, et pour toujours peut-être.
Combien tu me punis de m'être fait connaître !
— J'aimerais mieux rester ; mais le Seigneur m'attend.

Je veux parler pour vous, souvent il nous entend.
— Il ne peut rien sur moi, jamais mon sort ne change,
Et toi seule es le dieu qui peut sauver un ange.
— Que puis-je faire? Hélas! dites, faut-il rester?
— Oui, descends jusqu'à moi, car je ne puis monter.
— Mais quel don voulez-vous? — Le plus beau, c'est nous-mêmes.
Viens! — M'exiler du Ciel? — Qu'importe, si tu m'aimes?
Touche ma main. Bientôt dans un mépris égal
Se confondront pour nous et le bien et le mal.
Tu n'as jamais compris ce qu'on trouve de charmes
A présenter son sein pour y cacher des larmes.
Viens, il est un bonheur que moi seul t'apprendrai;
Tu m'ouvriras ton âme, et je l'y répandrai.
Comme l'aube et la lune au couchant reposée
Confondent leurs rayons, ou comme la rosée
Dans une perle seule unit deux de ses pleurs
Pour s'empreindre du baume exhalé par les fleurs,
Comme un double flambeau réunit ses deux flammes,
Non moins étroitement nous unirons nos âmes.
— Je t'aime et je descends. Mais que diront les Cieux? »

En ce moment passa dans l'air, loin de leurs yeux,
Un des célestes chœurs, où, parmi les louanges,
On entendit ces mots que répétaient des anges :
« Gloire dans l'univers, dans les temps, à celui

Qui s'immole à jamais pour le salut d'autrui. »
Les Cieux semblaient parler. C'en était trop pour elle.

———

Deux fois encor levant sa paupière infidèle,
Promenant des regards encore irrésolus,
Elle chercha ses Cieux qu'elle ne voyait plus.

———

Des anges au Chaos allaient puiser des mondes.
Passant avec terreur dans ses plaines profondes,
Tandis qu'ils remplissaient les messages de Dieu,
Ils ont tous vu tomber une nuage de feu.
Des plaintes de douleur, des réponses cruelles,
Se mêlaient dans la flamme au battement des ailes.

———

« Où me conduisez-vous, bel ange? — Viens toujours.
— Que votre voix est triste, et quel sombre discours!
N'est-ce pas Éloa qui soulève ta chaîne?
J'ai cru t'avoir sauvé. — Non, c'est moi qui t'entraîne.
— Si nous sommes unis, peu m'importe en quel lieu!

Nomme-moi donc encore ou ta sœur ou ton dieu!
— J'enlève mon esclave et je tiens ma victime.
— Tu paraissais si bon! Oh! qu'ai-je fait? — Un crime.
— Seras-tu plus heureux? du moins, es-tu content?
— Plus triste que jamais. — Qui donc es-tu? — Satan. »

Écrit en 1823, dans les Vosges.

LE DÉLUGE

MYSTÈRE

> « Serait-il dit que vous fassiez mourir
> le Juste avec le méchant ? »
> Genèse.

I

La terre était riante et dans sa fleur première ;
Le jour avait encor cette même lumière
Qui du ciel embelli couronna les hauteurs
Quand Dieu la fit tomber de ses doigts créateurs.
Rien n'avait dans sa forme altéré la nature,
Et des monts réguliers l'immense architecture
S'élevait jusqu'aux cieux par ses degrés égaux,
Sans que rien de leur chaîne eût brisé les anneaux ;

La forêt, plus féconde, ombrageait, sous ses dômes,
Des plaines et des fleurs les gracieux royaumes,
Et des fleuves aux mers le cours était réglé
Dans un ordre parfait qui n'était pas troublé.
Jamais un voyageur n'aurait, sous le feuillage,
Rencontré, loin des flots, l'émail du coquillage,
Et la perle habitait son palais de cristal ;
Chaque trésor restait dans l'élément natal,
Sans enfreindre jamais la céleste défense ;
Et la beauté du monde attestait son enfance ;
Tout suivait sa loi douce et son premier penchant,
Tout était pur encor. Mais l'homme était méchant.

Les peuples déjà vieux, les races déjà mûres,
Avaient vu jusqu'au fond des sciences obscures ;
Les mortels savaient tout, et tout les affligeait ;
Le prince était sans joie ainsi que le sujet ;
Trente religions avaient eu leurs prophètes,
Leurs martyrs, leurs combats, leurs gloires, leurs défaites,
Leur temps d'indifférence et leur siècle d'oubli ;
Chaque peuple, à son tour dans l'ombre enseveli,
Chantait languissamment ses grandeurs effacées ;
La mort régnait déjà dans les âmes glacées ;
Même plus haut que l'homme atteignaient ses malheurs,
D'autres êtres cherchaient ses plaisirs et ses pleurs.

Souvent, fruit inconnu d'un orgueilleux mélange,
Au sein d'une mortelle on vit le fils d'un ange (1).
Le crime universel s'élevait jusqu'aux cieux.
Dieu s'attrista lui-même et détourna les yeux.

Et cependant, un jour, au sommet solitaire
Du mont sacré d'Arar, le plus haut de la terre,
Apparut une vierge et près d'elle un pasteur,
Tous deux nés dans les champs, loin d'un peuple imposteur ;
Leur langage était doux, leurs mains étaient unies
Comme au jour fortuné des unions bénies ;
Ils semblaient, en passant sur ces monts inconnus,
Retourner vers le Ciel dont ils étaient venus ;
Et sans l'air de douleur, signe que Dieu nous laisse,
Rien n'eût de leur nature indiqué la faiblesse,
Tant les traits primitifs et leur simple beauté
Avaient sur leur visage empreint la majesté.

Quand du mont orageux ils touchèrent la cime,
La campagne à leurs pieds s'ouvrit comme un abîme.

(1) « Les enfants de Dieu, voyant que les filles des hommes étaient belles, prirent pour femmes celles qui leur avaient plu. »   (*Gen.* chap. vi, v. 2.)

C'était l'heure où la nuit laisse le ciel au jour :
Les constellations pâlissaient tour à tour ;
Et, jetant à la terre un regard triste encore,
Couraient vers l'orient se perdre dans l'aurore,
Comme si pour toujours elles quittaient les yeux
Qui lisaient leur destin sur elles dans les Cieux.
Le soleil, dévoilant sa figure agrandie,
S'éleva sur les bois comme un vaste incendie ;
Et la terre aussitôt, s'agitant longuement,
Salua son retour par un gémissement.
Réunis sur les monts, d'immobiles nuages
Semblaient y préparer l'arsenal des orages ;
Et sur leurs fronts noircis qui partageaient les cieux
Luisait incessamment l'éclair silencieux.
Tous les oiseaux, poussés par quelque instinct funeste,
S'unissaient dans leur vol en un cercle céleste ;
Comme des exilés qui se plaignent entre eux,
Ils poussaient dans les airs de longs cris douloureux.

———

La terre cependant montrait ses lignes sombres
Au jour pâle et sanglant qui faisait fuir les ombres ;
Mais, si l'homme y passait, on ne pouvait le voir :
Chaque cité semblait comme un point vague et noir,
Tant le mont s'élevait à des hauteurs immenses !
Et des fleuves lointains les faibles apparences

Ressemblaient au dessin par le vent effacé
Que le doigt d'un enfant sur le sable a tracé.

Ce fut là que deux voix, dans le désert perdues,
Dans les hauteurs de l'air avec peine entendues,
Osèrent un moment prononcer tour à tour
Ce dernier entretien d'innocence et d'amour :

« Comme la terre est belle en sa rondeur immense !
La vois-tu qui s'étend jusqu'où le ciel commence ?
La vois-tu s'embellir de toutes ses couleurs ?
Respire un jour encor le parfum de ses fleurs,
Que le vent matinal apporte à nos montagnes.
On dirait aujourd'hui que les vastes campagnes
Élèvent leur encens, étalent leur beauté,
Pour toucher, s'il se peut, le Seigneur irrité.
Mais les vapeurs du ciel, comme de noirs fantômes,
Amènent tous ces bruits, ces lugubres symptômes
Qui devaient, sans manquer au moment attendu,
Annoncer l'agonie à l'univers perdu.
Viens, tandis que l'horreur partout nous environne,
Et qu'une vaste nuit lentement nous couronne,
Viens, ô ma bien-aimée ! et, fermant tes beaux yeux,
Qu'épouvante l'aspect du désordre des cieux,

Sur mon sein, sous mes bras repose encore ta tête,
Comme l'oiseau qui dort au sein de la tempête ;
Je te dirai l'instant où le ciel sourira,
Et durant le péril ma voix te parlera. »

La vierge sur son cœur pencha sa tête blonde,
Un bruit régnait au loin, pareil au bruit de l'onde,
Mais tout était paisible et tout dormait dans l'air ;
Rien ne semblait vivant, rien excepté l'éclair.
Le pasteur poursuivit d'une voix solennelle :
« Adieu, monde sans borne, ô terre maternelle !
Formes de l'horizon, ombrages des forêts,
Antres de la montagne, embaumés et secrets ;
Gazons verts, belles fleurs de l'oasis chérie,
Arbres, rochers connus, aspects de la patrie !
Adieu ! tout va finir, tout doit être effacé,
Le temps qu'a reçu l'homme est aujourd'hui passé,
Demain rien ne sera. Ce n'est point par l'épée,
Postérité d'Adam, que tu seras frappée,
Ni par les maux du corps ou les chagrins du cœur ;
Non, c'est un élément qui sera ton vainqueur.
La terre va mourir sous des eaux éternelles,
Et l'ange en la cherchant fatiguera ses ailes.
Toujours succédera, dans l'univers sans bruits,
Au silence des jours le silence des nuits.
L'inutile soleil, si le matin l'amène,
N'entendra plus la voix et la parole humaine ;

Et, quand sur un flot mort sa flamme aura relui,
Le stérile rayon remontera vers lui.
Oh ! pourquoi de mes yeux a-t-on levé les voiles ?
Comment ai-je connu le secret des étoiles ?
Science du désert, annales des pasteurs !
Cette nuit, parcourant vos divines hauteurs
Dont l'Égypte et Dieu seul connaissent le mystère,
Je cherchais dans le Ciel l'avenir de la terre ;
Ma houlette savante, orgueil de nos bergers,
Traçait l'ordre éternel sur les sables légers,
Comparant, pour fixer l'heure où l'étoile passe,
Les cailloux de la plaine aux lueurs de l'espace.

» Mais un ange a paru dans la nuit sans sommeil ;
Il avait de son front quitté l'éclat vermeil,
Il pleurait, et disait dans sa douleur amère :
« Que n'ai-je pu mourir lorsque mourut ta mère !
» J'ai failli, je l'aimais ; Dieu punit cet amour,
» Elle fut enlevée en te laissant au jour.
» Le nom d'Emmanuel que la terre te donne,
» C'est mon nom. J'ai prié pour que Dieu te pardonne ;
» Va seul au mont Arar, prends ses rocs pour autels,
» Prie, et seul, sans songer au destin des mortels,
» Tiens toujours tes regards plus haut que sur la terre ;
» La mort de l'innocence est pour l'homme un mystère,

» Ne t'en étonne pas, n'y porte pas les yeux ;
» La pitié du mortel n'est point celle des Cieux.
» Dieu ne fait point de pacte avec la race humaine :
» Qui créa sans amour fera périr sans haine.
» Sois seul, si Dieu m'entend, je viens. » Il m'a quitté ;
Avec combien de pleurs, hélas ! l'ai-je écouté !
J'ai monté sur l'Arar, mais avec une femme. »

Sara lui dit : « Ton âme est semblable à mon âme,
Car un mortel m'a dit : « Venez sur Gelboü,
» Je me nomme Japhet, et mon père est Noü.
» Devenez mon épouse, et vous serez sa fille ;
» Tout va périr demain, si ce n'est ma famille. »
Et moi, je l'ai quitté sans avoir répondu,
De peur qu'Emmanuel n'eût longtemps attendu. »
Puis tous deux embrassés, ils se dirent ensemble :
« Ah ! louons l'Éternel, il punit, mais rassemble ! »
Le tonnerre grondait et tous deux à genoux
S'écrièrent alors : « O Seigneur, jugez-nous ! »

II

Tous les vents mugissaient, les montagnes tremblèrent,
Des fleuves arrêtés les vagues reculèrent,

Et, du sombre horizon dépassant la hauteur,
Des vengeances de Dieu l'immense exécuteur,
L'Océan apparut. Bouillonnant et superbe,
Entraînant les forêts comme le sable et l'herbe,
De la plaine inondée envahissant le fond,
Il se coucha en vainqueur dans le désert profond,
Apportant avec lui comme de grands trophées
Les débris inconnus des villes étouffées,
Et, là, bientôt plus calme en son accroissement,
Semble, dans ses travaux, s'arrêter un moment,
Et se plaire à mêler, à briser sur son onde
Les membres arrachés au cadavre du monde.

Ce fut alors qu'on vit des hôtes inconnus
Sur les bords étrangers tout à coup survenus ;
Le cèdre jusqu'au Nord vint écraser le saule ;
Les ours noyés, flottants sur les glaçons du pôle,
Heurtèrent l'éléphant près du Nil endormi,
Et le monstre, que l'eau soulevait à demi,
S'étonna d'écraser, dans sa lutte contre elle,
Une vague où nageaient le tigre et la gazelle.
En vain des larges flots repoussant les premiers,
Sa trompe tournoyante arracha les palmiers ;
Il fut roulé comme eux dans les plaines torrides,
Regrettant ses roseaux et ses sables arides,

Et de ses hauts bambous le lit flexible et vert,
Et jusqu'au vent de flamme exilé du désert.

Dans l'effroi général de toute créature,
La plus féroce même oubliait sa nature ;
Les animaux n'osaient ni ramper ni courir,
Chacun d'eux résigné se coucha pour mourir.
En vain fuyant aux cieux l'eau sur ses rocs venue,
L'aigle tomba des airs, repoussé par la nue.
Le péril confondit tous les êtres tremblants.
L'homme seul se livrait à des projets sanglants.
Quelques rares vaisseaux qui se faisaient la guerre,
Se disputaient longtemps les restes de la terre ;
Mais, pendant leurs combats, les flots non ralentis
Effaçaient à leurs yeux ces restes engloutis.
Alors, un ennemi plus terrible que l'onde
Vint achever partout la défaite du monde ;
La faim de tous les cœurs chassa les passions :
Les malheureux, vivants après leurs nations,
N'avaient qu'une pensée, effroyable torture,
L'approche de la mort, la mort sans sépulture.
On vit sur un esquif, de mers en mers jeté,
L'œil affamé du fort sur le faible arrêté ;
Des femmes, à grands cris, insultant la nature,
Y réclamaient du sort leur humaine pâture ;
L'athée, épouvanté de voir Dieu triomphant,
Puisait un jour de vie aux veines d'un enfant ;

Des derniers réprouvés telle fut l'agonie.
L'amour survivait seul à la bonté bannie;
Ceux qu'unissaient entre eux des serments mutuels,
Et que persécutait la haine des mortels,
S'offraient ensemble à l'onde avec un front tranquille,
Et contre leurs douleurs trouvaient un même asile.

Mais sur le mont Arar, encor loin du trépas,
Pour sauver ses enfants l'ange ne venait pas;
En vain le cherchaient-ils, les vents et les orages
N'apportaient sur leurs fronts que de sombres nuages.

Cependant sous les flots montés également
Tout avait par degrés disparu lentement :
Les cités n'étaient plus, rien ne vivait, et l'onde
Ne donnait qu'un aspect à la face du monde.
Seulement quelquefois sur l'élément profond
Un palais englouti montrait l'or de son front;
Quelques dômes, pareils à de magiques îles,
Restaient pour attester la splendeur de leurs villes.
Là parurent encore un moment deux mortels :
L'un la honte d'un trône, et l'autre des autels;

L'un se tenant au bras de sa propre statue,
L'autre au temple élevé d'une idole abattue.
Tous deux jusqu'à la mort s'accusèrent en vain
De l'avoir attirée avec le flot divin.
Plus loin, et contemplant la solitude humide,
Mourait un autre roi, seul sur sa pyramide.
Dans l'immense tombeau, s'était d'abord sauvé
Tout son peuple ouvrier qui l'avait élevé ;
Mais la mer implacable, en fouillant dans les tombes,
Avait tout arraché du fond des catacombes ;
Les mourants et les dieux, les spectres immortels,
Et la race embaumée, et le sphinx des autels ;
Et ce roi fut jeté sur les sombres momies
Qui dans leurs lits flottants se heurtaient endormies.
Expirant, il gémit de voir à son côté
Passer ses demi-dieux sans immortalité,
Dérobés à la mort, mais reconquis par elle
Sous les palais profonds de leur tombe éternelle ;
Il eut le temps encor de penser une fois
Que nul ne saurait plus le nom de tant de rois,
Qu'un seul jour désormais comprendrait leur histoire,
Car la postérité mourait avec leur gloire.

———

L'arche de Dieu passa comme un palais errant.
Le voyant assiégé par les flots du courant,

Le dernier des enfants de la famille élue
Lui tendit en secret sa main irrésolue,
Mais d'un dernier effort : « Va-t'en, lui cria-t-il ;
De ton lâche salut je refuse l'exil ;
Va, sur quelques rochers qu'aura dédaignés l'onde,
Construire tes cités sur le tombeau du monde ;
Mon peuple mort est là, sous la mer je suis roi.
Moins coupables que ceux qui descendront de toi,
Pour étonner tes fils sous ces plaines humides,
Mes géants (1) glorieux laissent les pyramides ;
Et sur le haut des monts leurs vastes ossements,
De ces rivaux du Ciel terribles monuments,
Trouvés dans les débris de la terre inondée,
Viendront humilier ta race dégradée. »
Il disait, s'essayant par le geste et la voix,
A l'air impérieux des hommes qui sont rois,
Quand, roulé sur la pierre et touché par la foudre,
Sur sa tombe immobile il fut réduit en poudre.

———

Mais sur le mont Arar l'ange ne venait pas ;
L'eau faisait sur les rocs de gigantesques pas,

---

(1) « Or, il y avait des géants sur la terre. Car, depuis que les fils de Dieu eurent épousé les filles des hommes, il en sortit des enfants fameux et puissants dans le siècle. » (*Genèse*, ch. vi, v. 4.)

Et ses flots rugissants vers le mont solitaire
Apportaient avec eux tous les bruits du tonnerre.

———

Enfin le fléau lent qui frappait les humains
Couvrit le dernier point des œuvres de leurs mains ;
Les montagnes, bientôt par l'onde escaladées,
Cachèrent dans son sein leur têtes inondées.
Le volcan s'éteignit, et le feu périssant
Voulut en vain y rendre un combat impuissant ;
A l'élément vainqueur il céda le cratère,
Et sortit en fumant des veines de la terre.

III

Rien ne se voyait plus, pas même des débris ;
L'univers écrasé ne jetait plus ses cris.
Quand la mer eut des monts chassé tous les nuages,
On vit se disperser l'épaisseur des orages ;
Et les rayons du jour, dévoilant leur trésor,
Lançaient jusqu'à la mer des jets d'opale et d'or ;
La vague était paisible, et molle et cadencée,
En berceaux de cristal mollement balancée ;

Les vents, sans résistance, étaient silencieux ;
La foudre, sans échos, expirait dans les cieux ;
Les cieux devenaient purs, et, réfléchis dans l'onde,
Teignaient d'un azur clair l'immensité profonde.

Tout s'était englouti sous les flots triomphants,
Déplorable spectacle! excepté deux enfants.
Sur le sommet d'Arar tous deux étaient encore,
Mais par l'onde et les vents battus depuis l'aurore,
Sous les lambeaux mouillés des tuniques de lin,
La vierge était tombée aux bras de l'orphelin ;
Et lui, gardant toujours sa tête évanouie,
Mêlait ses pleurs sur elle aux gouttes de la pluie.
Cependant, lorsqu'enfin le soleil renaissant
Fit tomber un rayon sur son front innocent,
Par la beauté du jour un moment abusée,
Comme un lis abattu, secouant la rosée,
Elle entr'ouvrit les yeux et dit : « Emmanuel !
Avons-nous obtenu la clémence du Ciel ?
J'aperçois dans l'azur la colombe qui passe,
Elle porte un rameau ; Dieu nous a-t-il fait grâce ?
— La colombe est passée et ne vient pas à nous,
— Emmanuel, la mer a touché mes genoux.
— Dieu nous attend ailleurs à l'abri des tempêtes.
— Vois-tu l'eau sur nos pieds? — Vois le ciel sur nos têtes!

— Ton père ne vient pas; nous serons donc punis?
— Sans doute après la mort nous serons réunis.
— Venez, ange du ciel, et prêtez-lui vos ailes!
— Recevez-la, mon père, aux voûtes éternelles! »

Ce fut le dernier cri du dernier des humains.
Longtemps, sur l'eau croissante élevant ses deux mains,
Il soutenait Sara par les flots poursuivie;
Mais, quand il eut perdu sa force avec la vie,
Par le ciel et la mer le monde fut rempli,
Et l'arc-en-ciel brilla, tout étant accompli.

Écrit à Oloron, dans les Pyrénées, en 1823.

LIVRE ANTIQUE

ANTIQUITÉ BIBLIQUE

LA FILLE DE JEPHTÉ

POEME

> « Et de là vient la coutume qui s'est toujours observée depuis en Israël,
> » Que toutes les filles d'Israël s'assemblent une fois l'année, pour pleurer la fille de Jephté de Galaad pendant quatre jours. »
>
> *Juges*, ch. ix, v. 40.

Voilà ce qu'ont chanté les filles d'Israël,
Et leurs pleurs ont coulé sur l'herbe du Carmel :

— Jephté de Galaad a ravagé trois villes ;
Abel ! la flamme a lui sur tes vignes fertiles!
Aroër sous la cendre éteignit ses chansons,
Et Mennith s'est assise en pleurant ses moissons!

Tous les guerriers d'Ammon sont détruits, et leur terre
Du Seigneur notre Dieu reste la tributaire.
Israël est vainqueur, et par ses cris perçants
Reconnaît du Très-Haut les secours tout-puissants.

A l'hymne universel que le désert répète
Se mêle en longs éclats le son de la trompette,
Et l'armée, en marchant vers les tours de Maspha,
Leur raconte de loin que Jephté triompha.

Le peuple tout entier tressaille de la fête;
Mais le sombre vainqueur marche en baissant la tête;
Sourd à ce bruit de gloire, et seul, silencieux,
Tout à coup il s'arrête, il a fermé ses yeux.

Il a fermé ses yeux, car au loin, de la ville,
Les vierges, en chantant d'un pas lent et tranquille,
Venaient; il entrevoit le chœur religieux,
C'est pourquoi, plein de crainte, il a fermé ses yeux.

Il entend le concert qui s'approche et l'honore;
La harpe harmonieuse et le tambour sonore,
Et la lyre aux dix voix, et le kinnor léger,
Et les sons argentins du nebel étranger,

Puis de plus près, les chants, leurs paroles pieuses,
Et les pas mesurés en des danses joyeuses,
Et, par des bruits flatteurs, les mains frappant les mains,
Et de rameaux fleuris parfumant les chemins.

Ses genoux ont tremblé sous le poids de ses armes ;
Sa paupière s'entr'ouvre à ses premières larmes ;
C'est que, parmi les voix, le père a reconnu
La voix la plus aimée à ce chant ingénu :

« O vierges d'Israël ! ma couronne s'apprête
La première à parer les cheveux de sa tête ;
C'est mon père, et jamais un autre enfant que moi
N'augmenta la famille heureuse sous sa loi. »

Et ses bras à Jephté donnés avec tendresse,
Suspendant à son col leur pieuse caresse :
« Mon père embrassez-moi ! D'où naissent vos retards ?
Je ne vois que vos pleurs et non pas vos regards.

» Je n'ai point oublié l'encens du sacrifice :
J'offrais pour vous hier la naissante génisse.
Qui peut vous affliger ? Le Seigneur n'a-t-il pas
Renversé les cités au seul bruit de vos pas ?

» — C'est vous, hélas! c'est vous, ma fille bien-aimée?
Dit le père en rouvrant sa paupière enflammée.
Faut-il que ce soit vous! ô douleur des douleurs!
Que vos embrassements feront couler de pleurs!

» Seigneur, vous êtes bien le Dieu de la vengeance,
En échange du crime il vous faut l'innocence.
C'est la vapeur du sang qui plaît au Dieu jaloux!
Je lui dois une hostie, ô ma fille! et c'est vous!

» — Moi! » dit-elle. Et ses yeux se remplirent de larmes.
Elle était jeune et belle, et la vie a des charmes.
Puis elle répondit : « Oh! si votre serment
Dispose de mes jours, permettez seulement

» Qu'emmenant avec moi les vierges, mes compagnes,
J'aille, deux mois entiers, sur le haut des montagnes,
Pour la dernière fois, errante en liberté,
Pleurer sur ma jeunesse et ma virginité!

» Car je n'aurai jamais, de mes mains orgueilleuses,
Purifié mon fils sous les eaux merveilleuses,
Vous n'aurez pas béni sa venue, et mes pleurs
Et mes chants n'auront pas endormi ses douleurs;

» Et, le jour de ma mort, nulle vierge jalouse
Ne viendra demander de qui je fus l'épouse,
Quel guerrier prend pour moi le cilice et le deuil,
Et seul vous pleurerez autour de mon cercueil. »

Après ces mots, l'armée assise tout entière
Pleurait, et sur son front répandait la poussière.
Jephté sous un manteau tenait ses pleurs voilés ;
Mais, parmi les sanglots, on entendit : « Allez. »

Elle inclina la tête et partit. Ses compagnes,
Comme nous la pleurons, pleuraient sur les montagnes ;
Puis elle vint s'offrir au couteau paternel.
— Voilà ce qu'ont chanté les filles d'Israël.

Écrit en 1824.

LA FEMME ADULTÈRE

POEME

—

> « L'adultère attend le soir, et se dit : « Aucun œil ne
> me verra ; » et il se cache le visage, car la lumière
> est pour lui comme la mort. »
>
> Job, ch. xxiv, v. 15-17.

I

« Mon lit est parfumé d'aloès et de myrrhe ;
L'odorant cinnamome et le nard de Palmyre
Ont chez moi de l'Égypte embaumé les tapis.
J'ai placé sur mon front et l'or et le lapis ;
Venez, mon bien-aimé, m'enivrer de délices
Jusqu'à l'heure où le jour appelle aux sacrifices.
Aujourd'hui que l'époux n'est plus dans la cité,
Au nocturne bonheur soyez donc invité ;

Il est allé bien loin. » — C'était ainsi dans l'ombre,
Sur les toits aplanis et sous l'oranger sombre,
Qu'une femme parlait, et son bras abaissé
Montrait la porte étroite à l'amant empressé.
Il a franchi le seuil où le cèdre s'entr'ouvre,
Et qu'un verrou secret rapidement recouvre;
Puis ces mots ont frappé le cyprès des lambris :
« Voilà ces yeux si purs dont mes yeux sont épris!
Votre front est semblable au lis de la vallée,
De vos lèvres toujours la rose est exhalée.
Que votre voix est douce et douces vos amours!
Oh! quittez ces colliers et ces brillants atours!
— Non; ma main veut tarir cette humide rosée
Que l'air sur vos cheveux a longtemps déposée :
C'est pour moi que ce front s'est glacé sous la nuit!
— Mais ce cœur est brûlant, et l'amour l'a conduit.
Me voici devant vous, ô belle entre les belles!
Qu'importent les dangers? que sont les nuits cruelles
Quand du palmier d'amour le fruit va se cueillir,
Quand sous mes doigts tremblants je le sens tressaillir?
— Oui... Mais d'où vient ce cri, puis ces pas sur la pierre?
— C'est un des fils d'Aaron qui sonne la prière.
Eh quoi! vous pâlissez! Que le feu du baiser
Consume nos amours qu'il peut seul apaiser,
Qu'il vienne remplacer cette crainte farouche,
Et fermer au refus la pourpre de ta bouche!... »
On n'entendit plus rien, et les feux abrégés
Dans les lampes d'airain moururent négligés.

II

Quand le soleil levant embrasa la campagne
Et les verts oliviers de la sainte montagne,
A cette heure paisible où les chameaux poudreux
Apportent du désert leur tribut aux Hébreux;
Tandis que, de sa tente ouvrant la blanche toile,
Le pasteur qui de l'aube a vu pâlir l'étoile
Appelle sa famille au lever solennel,
Et salue en ses chants le jour et l'Éternel;
Le séducteur, content du succès de son crime,
Fuit l'ennui des plaisirs et sa jeune victime.
Seule, elle reste assise, et son front sans couleur
Du remords qui s'approche a déjà la pâleur;
Elle veut retenir cette nuit, sa complice,
Et la première aurore est son premier supplice :
Elle vit tout ensemble et la faute et le lieu,
S'étonna d'elle-même et douta de son Dieu.
Elle joignit les mains, immobile et muette,
Ses yeux toujours fixés sur la porte secrète;
Et semblable à la mort, seulement quelques pleurs
Montraient encor sa vie en montrant ses douleurs.
Telle Sodome a vu cette femme imprudente
Frappée au jour où Dieu versa la pluie ardente,

Et, brûlant d'un seul feu deux peuples détestés,
Éteignit leurs palais dans des flots empestés :
Elle voulut, bravant la céleste défense,
Voir une fois encor les lieux de son enfance,
Ou, peut-être, écoutant un cœur ambitieux,
Surprendre d'un regard le grand secret des cieux ;
Mais son pied tout à coup, à la fuite inhabile,
Se fixe, elle pâlit sous un sel immobile,
Et le juste vieillard, en marchant vers Ségor,
N'entendit plus ses pas qu'il écoutait encor.

———

Tel est le front glacé de la Juive infidèle.
Mais quel est cet enfant qui paraît auprès d'elle ?
Il voit des pleurs, il pleure, et, d'un geste incertain,
Demande, comme hier, le baiser du matin.
Sur ses pieds chancelants il s'avance, et, timide,
De sa mère ose enfin presser la joue humide.
Qu'un baiser serait doux ! elle veut l'essayer ;
Mais l'époux, dans le fils, la revient effrayer ;
Devant ce lit, ces murs et ces voûtes sacrées,
Du secret conjugal encore pénétrées,
Où vient de retentir un amour criminel,
Hélas ! elle rougit de l'amour maternel,
Et tremble de poser, dans cette chambre austère,
Sur une bouche pure une lèvre adultère.

Elle voulut parler, mais les sons de sa voix,
Sourds et demi-formés, moururent à la fois,
Et sa parole éteinte et vaine fut suivie
D'un soupir qui sembla le dernier de sa vie.
Elle repousse alors son enfant étonné,
Tant la honte a rempli son cœur désordonné !
Elle entr'ouvre le seuil, mais là tombe abattue,
Telle que de sa base une blanche statue.

III

Ce jour-là, des remparts, on voyait revenir
Un voyageur parti pour la ville de Tyr.
Sa suite et ses chevaux montraient son opulence ;
Guidés nonchalamment par le fer d'une lance,
Fléchissaient sous leur poids, et l'onagre rayé,
Et l'indolent chameau, par son guide effrayé ;
Et douze serviteurs, suivant l'étroite voie,
Courbaient leurs fronts brûlés sous la pourpre et la soie ;
Et le maître disait : « Maintenant, Séphora
Cherche dans l'horizon si l'époux reviendra ;
Elle pleure, elle dit : « Il est bien loin encore !
» Des feux du jour pourtant le désert se colore !
» Et du côté de Tyr je ne l'aperçois pas. »
Mais elle va courir au-devant de mes pas ;

Et je dirai : « Tenez, livrez-vous à la joie!
» Ces présents sont pour vous, et la pourpre et la soie;
» Et les moelleux tapis, et l'ambre précieux,
» Et l'acier des miroirs que souhaitaient vos yeux. »
Voilà ce qu'il disait, et de Sion la sainte
Traversait à grands pas la tortueuse enceinte.

IV

Tout Juda cependant, aux fêtes introduit,
Vers le temple, en courant, se pressait à grand bruit :
Les vieillards, les enfants, les femmes affligées,
Dans les longs repentirs et les larmes plongées,
Et celles que frappait un mal secret et lent,
Et l'aveugle aux longs cris, et le boiteux tremblant,
Et le lépreux impur, le dégoût de la terre,
Tous, de leurs maux guéris racontant le mystère,
Aux pieds de leur Sauveur l'adoraient prosternés.
Lui, né dans les douleurs, roi des infortunés,
D'une féconde main prodiguait les miracles,
Et de sa voix sortait une source d'oracles :
De la vie avec l'homme il partageait l'ennui,
Venait trouver le pauvre et s'égalait à lui.
Quelques hommes, formés à sa divine école,
Nés simples et grossiers, mais forts de sa parole.

Le suivaient lentement, et son front sérieux
Portait les feux divins en bandeaux glorieux.

———

Par ses cheveux épars une femme entraînée,
Qu'entoure avec clameur la foule déchaînée,
Paraît : ses yeux brûlants au ciel sont dirigés,
Ses yeux, car de longs fers ses bras nus sont chargés.
Devant le Fils de l'Homme on l'amène en tumulte,
Puis, provoquant l'erreur et méditant l'insulte.
Les scribes assemblés s'avancent, et l'un d'eux :
« Maître, dit-il, jugez de ce péché hideux ;
Cette femme adultère est coupable et surprise :
Que doit faire Israël de la loi de Moïse ? »
Et l'épouse infidèle attendait, et ses yeux
Semblaient chercher encor quelque autre dans ces lieux ;
Et la pierre à la main, la foule sanguinaire
S'appelait, la montrait : « C'est la femme adultère !
Lapidez-la : déjà le séducteur est mort ! »
Et la femme pleura. — Mais le juge d'abord :
« Qu'un homme d'entre vous, dit-il, jette une pierre
S'il se croit sans péché, qu'il jette la première. »
Il dit, et, s'écartant des mobiles Hébreux,
Apaisés par ces mots et déjà moins nombreux,

Son doigt mystérieux, sur l'arène légère,
Écrivait une langue aux hommes étrangère,
En caractères saints dans le Ciel retracés...
Quand il se releva, tous s'étaient dispersés.

Écrit en 1819.

LE BAIN

FRAGMENT D'UN POEME DE SUZANNE

. . . .
. . . .
'tait près d'une source à l'onde, pure et sombre.
 large sycomore y répandait son ombre.
, Suzanne, cachée aux cieux déjà brûlants,
spend sa rêverie et ses pas indolents,
r une jeune enfant, que son amour protége
ppuie, et sa voix douce appelle le cortége
 filles de Juda, de Gad et de Ruben
i doivent la servir et la descendre au bain;
 toutes à l'envi, rivales attentives,
achent sa parure entre leurs mains actives.

Reliure serrée

L'une ôte la tiare où brille le saphir
Dans l'éclat arrondi de l'or poli d'Ophir ;
Aux cheveux parfumés dérobe leurs longs voiles,
Et la gaze brodée en tremblantes étoiles ;
La perle, sur son front enlacée en bandeau,
Ou pendante à l'oreille en mobile fardeau ;
Les colliers de rubis, et, par des bandelettes,
L'ambre au cou suspendu dans l'or des cassolettes.
L'autre fait succéder les tapis préparés
Aux cothurnes étroits dont ses pieds sont parés ;
Et, puisant l'eau du bain, d'avance elle en arrose
Leurs doigts encore empreints de santal et de rose.
Puis, tandis que Suzanne enlève lentement
Les anneaux de ses mains, son plus cher ornement,
Libres des nœuds dorés dont sa poitrine est ceinte,
Dégagés des lacets, le manteau d'hyacinthe,
Et le lin pur et blanc comme la fleur du lis,
Jusqu'à ses chastes pieds laissent couler leurs plis.
Qu'elle fut belle alors ! Une rougeur errante
Anima de son front la blancheur transparente ;
Car, sous l'arbre où du jour vient s'éteindre l'ardeur,
Un œil accoutumé blesse encore sa pudeur ;
Mais, soutenue enfin par une esclave noire,
Dans un cristal liquide on croirait que l'ivoire
Se plonge, quand son corps, sous l'eau même éclairé,
Du ruisseau pur et frais touche le fond doré.

ANTIQUITÉ HOMÉRIQUE

LE SOMNAMBULE

POEME

A M. SOUMET

AUTEUR DE CLYTEMNESTRE ET DE SAUL

> Ὅρα δὲ πληγὰς τάσδε, καρδίας σέθεν.
> Εὕδουσα γὰρ φρὴν ὄμμασιν λαμπρύνεται,
> Ἐν ἡμέρᾳ δὲ μοῖρ᾽ ἀπρόσκοπος βροτῶ
> Αἰσχύλος

> « Voyez, en esprit, ces blessures : l'esprit, quand on dort, a des yeux, et, quand on veille, il est aveugle. »   ESCHYLE.

« Déjà, mon jeune époux ? Quoi ! l'aube parait-elle ?
Non ; la lumière, au fond de l'albâtre, étincelle
Blanche et pure, et suspend son jour mystérieux ;
La nuit règne profonde et noire dans les cieux.
Fois, le clepsydre encor n'a pas versé trois heures ;
Dors près de ta Néra, sous nos chastes demeures ;
Viens, dors près de mon sein. » Mais lui, furtif et lent,
Descend du lit d'ivoire et d'or étincelant.

Il va, d'un pied prudent, chercher la lampe errante,
Dont il garde les feux dans sa main transparente,
Son corps blanc est sans voile, il marche pas à pas,
L'œil ouvert, immobile, et murmurant tout bas :

———

« Je la vois, la parjure !... Interrompez vos fêtes,
Aux mânes un autel... des cyprès sur vos têtes...
Ouvrez, ouvrez la tombe... Allons... Qui descendra ? »
Cependant, à genoux et tremblante, Néra,
Ses blonds cheveux épars, se traîne. « Arrête, écoute,
Arrête, ami ! les dieux te poursuivent, sans doute ;
Au nom de la pitié, tourne tes yeux sur moi ;
Vois, c'est moi, ton épouse en larmes devant toi ;
Mais tu fuis ; par tes cris ma voix est étouffée !
Phœbé, pardonnez-lui ; pardonnez-lui, Morphée. »

———

« J'irai... je frapperai... le glaive est dans ma main ;
Tous les deux... Pollion... c'est un jeune Romain...
Il ne résiste pas. Dieux ! qu'il est faible encore !
D'un blond duvet sa joue à peine se décore,
L'amour a couronné ce luxe éblouissant...
Écartez ce manteau, je ne vois pas le sang. »

Mais elle : « O mon amant! compagnon de ma vie !
Des foyers maternels si ton char m'a ravie
Tremblante mais complice, et si nos vœux sacrés
Ont fait luire à l'Hymen des feux prématurés,
Par cette sainte amour nouvellement jurée,
Par l'antique Vesta, par l'immortelle Rhée
Dont j'embrasse l'autel, jamais nulle autre ardeur
De mes pieux serments n'altéra la candeur :
Non, jamais Pénélope, à l'aiguille pudique,
Plus chaste n'a vécu sous la foi domestique.
Pollion, quel est-il? — Je tiens tes longs cheveux...
Je dédaigne tes pleurs et tes tardifs aveux,
Corinne, tu mourras... — Ce n'est pas moi! Ma mère,
Il ne m'a point aimée! Oh! ta sainte colère
A comme un Dieu vengeur poursuivi nos amours!
Que n'ai-je cru ma mère, et ses prudents discours?
Je ne détourne plus ta sacrilége épée;
Tiens, frappe, j'ai vécu puisque tu m'as trompée...
Ah! cruel!... mon sang coule!... Ah! reçois mes adieux;
Puisses-tu ne jamais t'éveiller! — Justes dieux! »

Écrit en 1819.

LA DRYADE

IDYLLE DANS LE GOUT DE THÉOCRITE

> Πρῶτον μὲν εὐχῇ προσβεύω θεῶν
> Τὴν πρωτόμαντιν Γαῖαν...
> Σέβω δὲ Νύμφας...
> Αἰσχύλος
>
> « Honorons d'abord la Terre, qui, la première
>   entre les dieux, rendit ici les oracles...
> » J'adore aussi les nymphes. »
> ESCHYLE.

Vois-tu ce vieux tronc d'arbre aux immenses racines?
Jadis il s'anima de paroles divines;
Mais par les noirs hivers le chêne fut vaincu.
Et la dryade aussi, comme l'arbre, a vécu.
(Car, tu le sais, berger, ces déesses fragiles,
Envieuses des jeux et des danses agiles,
Sous l'écorce d'un bois où les fixa le sort,
Reçoivent avec lui la naissance et la mort.)

Celle dont la présence enflamma ces bocages
Répondait aux pasteurs du sein de verts feuillages,
Et, par des bruits secrets, mélodieux et sourds,
Donnait le prix du chant ou jugeait les amours.
Bathylle aux blonds cheveux, Ménalque aux noires tresses,
Un jour lui racontaient leurs rivales tendresses.
L'un parait son front blanc de myrte et de lotus;
L'autre, ses cheveux bruns de pampres revêtus,
Offrait à la dryade une coupe d'argile;
Et les roseaux chantants enchaînés par Bathylle,
Ainsi que le dieu Pan l'enseignait aux mortels,
S'agitaient, suspendus aux verdoyants autels.
J'entendis leur prière, et de leur simple histoire
Les Muses et le temps m'ont laissé la mémoire.

MÉNALQUE.

O déesse propice! écoute, écoute-moi!
Les faunes, les sylvains dansent autour de toi,
Quand Bacchus a reçu leur brillant sacrifice.
Ombrage mes amours, ô déesse propice!

BATHYLLE.

Dryade du vieux chêne, écoute mes aveux!
Les vierges, le matin, dénouant leurs cheveux,

Quand du brûlant amour la saison est prochaine,
T'adorent; je t'adore, ô dryade du chêne!

MÉNALQUE.

Que Liber protecteur, père des longs festins,
Entoure de ses dons tes champêtres destins,
Et qu'en écharpe d'or la vigne tortueuse
Serpente autour de toi, fraîche et voluptueuse!

BATHYLLE.

Que Vénus te protége et t'épargne ses maux,
Qu'elle anime, au printemps, tes superbes rameaux;
Et, si de quelque amour, pour nous mystérieuse,
Le charme te liait à quelque jeune yeuse,
Que ses bras délicats et ses feuillages verts
A tes bras amoureux se mêlent dans les airs!

MÉNALQUE.

Ida! j'adore Ida, la légère bacchante :
Ses cheveux noirs, mêlés de grappes et d'acanthe,
Sur le tigre, attaché par une griffe d'or,
Roulent abandonnés; sa bouche rit encor
En chantant Évoé; sa démarche chancelle;
Ses pieds nus, ses genoux que la robe décèle,

S'élancent, et son œil, de feux étincelant,
Brille comme Phébus sous le signe brûlant.

BATHYLLE.

C'est toi que je préfère, ô toi, vierge nouvelle,
Que l'heure du matin à nos désirs révèle!
Quand la lune au front pur, reine des nuits d'été,
Verse au gazon bleuâtre un regard argenté,
Elle est moins belle encor que ta paupière blonde,
Qu'un rayon chaste et doux sous son long voile inonde.

MÉNALQUE.

Si le fier léopard, que les jeunes sylvains
Attachent rugissant au char du dieu des vins,
Voit amener au loin l'inquiète tigresse
Que les faunes, troublés par la joyeuse ivresse,
N'ont pas su dérober à ses regards brûlants,
Il s'arrête, il s'agite, et de ses cris roulants
Les bois sont ébranlés; de sa gueule béante,
L'écume coule à flots sur une langue ardente;
Furieux, il bondit, il brise ses liens,
Et le collier d'ivoire et les jougs phrygiens :
Il part, et, dans les champs qu'écrasent ses caresses,
Prodigue à ses amours de fougueuses tendresses.
Ainsi, quand tu descends des cimes de nos bois,
Ida! lorsque j'entends ta voix, ta jeune voix,

Annoncer par des chants la fête bacchanale,
Je laisse les troupeaux, la bêche matinale,
Et la vigne et la gerbe où mes jours sont liés :
Je pars, je cours, je tombe et je brûle à tes pieds.

BATHYLLE.

Quand la vive hirondelle est enfin réveillée,
Elle sort de l'étang, encor toute mouillée,
Et, se montrant au jour avec un cri joyeux,
Au charme d'un beau ciel, craintive, ouvre les yeux;
Puis, sur le pâle saule, avec lenteur voltige,
Interroge avec soin le bouton et la tige;
Et, sûre du printemps, alors, et de l'amour,
Par des cris triomphants célèbre leur retour.
Elle chante sa joie aux rochers, aux campagnes,
Et, du fond des roseaux excitant ses compagnes :
« Venez! dit-elle; allons, paraissez, il est temps!
Car voici la chaleur, et voici le printemps. »
Ainsi, quand je te vois, ô modeste bergère!
Fouler de tes pieds nus la riante fougère,
J'appelle autour de moi les pâtres nonchalants,
A quitter le gazon, selon mes vœux, trop lents;
Et crie, en te suivant dans ta course rebelle :
« Venez! oh! venez voir comme Glycère est belle! »

MÉNALQUE.

Un jour, jour de Bacchus, loin des jeux égaré,
Seule je la surpris au fond du bois sacré :
Le soleil et les vents, dans ces bocages sombres,
Des feuilles sur ses traits faisaient flotter les ombres ;
Lascive, elle dormait sur le thyrse brisé ;
Une molle sueur, sur son front épuisé,
Brillait comme la perle en gouttes transparentes,
Et ses mains, autour d'elle, et sous le lin errantes,
Touchant la coupe vide, et son sein tour à tour,
Redemandaient encore et Bacchus et l'Amour.

BATHYLLE.

Je vous adjure ici, nymphes de la Sicile,
Dont les doigts, sous des fleurs, guident l'onde docile ;
Vous reçûtes ses dons, alors que sous nos bois,
Rougissante, elle vint pour la première fois.
Ses bras blancs soutenaient sur sa tête inclinée
L'amphore, œuvre divine aux fêtes destinée,
Qu'emplit la molle poire, et le raisin doré,
Et la pêche au duvet de pourpre coloré ;
Des pasteurs empressés l'attention jalouse
L'entourait, murmurant le nom sacré d'épouse ;

Mais en vain : nul regard ne flatta leur ardeur ;
Elle fut toute aux dieux et toute à la pudeur.

Ici, je vis rouler la coupe aux flancs d'argile ;
Le chêne ému tremblait, la flûte de Bathylle
Brilla d'un feu divin ; la dryade un moment,
Joyeuse, fit entendre un long frémissement,
Doux comme les échos dont la voix incertaine
Murmure la chanson d'une flûte lointaine.

Écrit en 1815.

SYMÉTHA

ÉLÉGIE

A PICHALD

AUTEUR DE LÉONIDAS ET DE GUILLAUME TELL

« Navire aux larges flancs de guirlandes ornés,
Aux dieux d'ivoire, aux mâts de roses couronnés!
Oh! qu'Éole, du moins, oit facile à tes voiles!
Montrez vos feux amis, fraternelles étoiles!
Jusqu'au port de Lesbos guidez le nautonnier,
Et de mes vœux pour elle exaucez le dernier :
Je vais mourir, hélas! Symétha s'est fiée
Aux flots profonds; l'Attique est par elle oubliée.
Insensée! elle fuit nos bords mélodieux,
Et les bois odorants, berceaux des demi-dieux,

Et les chœurs cadencés dans les molles prairies,
Et, sous les marbres frais, les saintes théories.
Nous ne la verrons plus, au pied du Parthénon,
Invoquer Athénée, en répétant son nom ;
Et d'une main timide, à nos rites fidèle,
Ses longs cheveux dorés, couronnés d'asphodèle,
Consacrer ou le voile, ou le vase d'argent,
Ou la pourpre attachée au fuseau diligent.
O vierge de Lesbos ! que ton île abhorrée
S'engloutisse dans l'onde à jamais ignorée,
Avant que ton navire ait pu toucher ses bords !
Qu'y vas-tu faire ? hélas ! quel palais, quels trésors
Te vaudront notre amour ? vierge, qu'y vas-tu faire ?
N'es-tu pas, Lesbienne, à Lesbos étrangère ?
Athène a vu longtemps s'accroître ta beauté,
Et, depuis que trois fois t'éclaira son été,
Ton front s'est élevé jusqu'au front de ta mère ;
Ici, loin des chagrins de ton enfance amère,
Les Muses t'ont souri. Les doux chants de ta voix
Sont nés athéniens ; c'est ici, sous nos bois,
Que l'amour t'enseigna le joug que tu m'imposes ;
Pour toi mon seuil joyeux s'est revêtu de roses.

» Tu pars ; et cependant m'as-tu toujours haï,
Symétha ? Non, ton cœur quelquefois s'est trahi ;
Car, lorsqu'un mot flatteur abordait ton oreille,
La pudeur souriait sur ta lèvre vermeille :

Je l'ai vu, ton sourire aussi beau que le jour ;
Et l'heure du sourire est l'heure de l'amour.
Mais le flot sur le flot en mugissant s'élève,
Et voile à ma douleur le vaisseau qui t'enlève,
C'en est fait, et mes pieds sont déjà chez les morts ;
Va, que Vénus du moins t'épargne le remords !
Lie un nouvel hymen ! va ; pour moi, je succombe.
Un jour, d'un pied ingrat tu fouleras ma tombe,
Si le destin vengeur te ramène en ces lieux,
Ornés du monument de tes cruels adieux. »

Dans le port du Pirée, un jour fut entendue
Cette plainte innocente, et cependant perdue ;
Car la vierge enfantine, auprès des matelots,
Admirait et la rame, et l'écume des flots :
Puis, sur la haute poupe accourue et couchée,
Saluait, dans la mer, son image penchée,
Et lui jetait des fleurs et des rameaux flottants,
Et riait de leur chute et les suivait longtemps ;
Ou, tout à coup rêveuse, écoutait le Zéphire,
Qui, d'une aile invisible, avait ému sa lyre.

Le 20 mai 1817.

LE BAIN

D'UNE DAME ROMAINE

———

Une esclave d'Égypte, au teint luisant et noir,
Lui présente, à genoux, l'acier pur du miroir ;
Pour nouer ses cheveux, une vierge de Grèce
Dans le compas d'Isis unit leur double tresse ;
Sa tunique est livrée aux femmes de Milet,
Et ses pieds sont lavés dans un vase de lait.
Dans l'ovale d'un marbre aux veines purpurines
L'eau rose la reçoit ; puis les filles latines,
Sur ses bras indolents versant de doux parfums,
Voilent d'un jour trop vif les rayons importuns,
Et sous les plis épais de la robe onctueuse
La lumière descend molle et voluptueuse :

Quelques-unes, brisant des couronnes de fleurs,
D'une hâtive main dispersent leurs couleurs,
Et, les jetant en pluie aux eaux de la fontaine,
De débris embaumés couvrent leur souveraine,
Qui, de ses doigts distraits touchant la lyre d'or,
Pense au jeune consul, et, rêveuse, s'endort.

« Le 20 mai 1817.

LIVRE MODERNE

DOLORIDA

POEME

Yo amo mas á tu amor que á tu vida.
(Prov. espagnol.)
J'aime mieux ton amour que ta vie.

Est-ce la Volupté qui, pour ses doux mystères,
Furtive, a rallumé ces lampes solitaires?
La gaze et le cristal sont leur pâle prison.
Aux souffles purs d'un soir de l'ardente saison
S'ouvre sur le balcon la moresque fenêtre;
Une aurore imprévue à minuit semble naître,
Quand la lune apparaît, quand ses gerbes d'argent
Font pâlir les lueurs du feu rose et changeant;
Les deux clartés à l'œil offrent partout leurs piéges,
Caressent mollement le velours bleu des siéges,

La soyeuse ottomane où le livre est encor,
La pendule mobile entre deux vases d'or,
La Madone d'argent, sous deux roses cachée,
Et sur un lit d'azur une beauté couchée.

———

Oh ! jamais dans Madrid un noble cavalier
Ne verra tant de grâce à plus d'art s'allier ;
Jamais pour plus d'attraits, lorsque la nuit commence,
N'a frémi la guitare et langui la romance ;
Jamais dans nulle église on ne vit plus beaux yeux
Des grains du chapelet se tourner vers les cieux ;
Sur les mille degrés du vaste amphithéâtre
On n'admira jamais plus belles mains d'albâtre
Sous la mantille noire et ses paillettes d'or,
Applaudissant, de loin, l'adroit toréador.

———

Mais, ô vous qu'en secret nulle œillade attentive
Dans ses rayons brillants ne chercha pour captive,
Jeune foule d'amants, Espagnols à l'œil noir,
Si sous la perle et l'or vous l'adoriez le soir,
Qui de vous ne voudrait (dût la dague andalouse
Le frapper au retour de sa pointe jalouse)

Prosterner ses baisers sur ces pieds découverts,
Ce col, ce sein d'albâtre, à l'air nocturne ouverts,
Et ces longs cheveux noirs tombant sur son épaule,
Comme tombe à ses pieds le vêtement du saule ?

―――

Dolorida n'a plus que ce voile incertain
Le premier que revêt le pudique matin
Et le dernier rempart que, dans sa nuit folâtre,
L'Amour ose enlever d'une main idolâtre.
Ses bras nus à sa tête offrent un mol appui.
Mais ses yeux sont ouverts, et bien du temps a fui
Depuis que, sur l'émail, dans ses douze demeures,
Ils suivent ce compas qui tourne avec les heures.
Que fait-il donc, celui que sa douleur attend ?
Sans doute il n'aime pas, celui qu'elle aime tant.
A peine chaque jour l'épouse délaissée
Voit un baiser distrait sur sa lèvre empressée
Tomber seul, sans l'amour; son amour cependant
S'accroît par les dédains et souffre plus ardent.

Près d'un constant époux, peut-être, ô jeune femme !
Quelque infidèle espoir eût égaré ton âme ;
Car l'amour d'une femme est semblable à l'enfant
Qui, las de ses jouets, les brise triomphant,

Foule d'un pied volage une rose immobile,
Et suit l'insecte ailé qui fuit sa main débile.

Pourquoi Dolorida seule en ce grand palais,
Où l'on n'entend, ce soir, ni le pied des valets,
Ni, dans la galerie et les corridors tristes,
Les enfantines voix des vives caméristes?

Trois heures cependant ont lentement sonné ;
La voix du temps est triste au cœur abandonné;
Ses coups y réveillaient la douleur de l'absence,
Et la lampe luttait; sa flamme sans puissance
Décroissait inégale, et semblait un mourant
Qui sur la vie encor jette un regard errant.
A ses yeux fatigués tout se montre plus sombre,
Le crucifix penché semble agiter son ombre;
Un grand froid la saisit; mais les fortes douleurs
Ignorent les sanglots, les soupirs et les pleurs :
Elle reste immobile, et, sous un air paisible,
Mord, d'une dent jalouse, une main insensible.

Que le silence est long ! Mais on entend des pas !
La porte s'ouvre, il entre : elle ne tremble pas!
Elle ne tremble pas, à sa pâle figure
Qui de quelque malheur semble traîner l'augure ;
Elle voit sans effroi son jeune époux, si beau,
Marcher jusqu'à son lit comme on marche au tombeau.
Sous les plis du manteau se courbe sa faiblesse ;
Même sa longue épée est un poids qui le blesse.
Tombé sur ses genoux, il parle à demi-voix :

―――

« Je viens te dire adieu ; je me meurs, tu le vois,
Dolorida, je meurs ! Une flamme inconnue,
Errante, est dans mon sang jusqu'au cœur parvenue
Mes pieds sont froids et lourds, mon œil est obscurci ;
Je suis tombé trois fois en revenant ici.
Mais je voulais te voir ; mais, quand l'ardente fièvre
Par des frissons brûlants a fait trembler ma lèvre,
J'ai dit : « Je vais mourir ; que la fin de mes jours
» Lui fasse au moins savoir qu'absent j'aimais toujours. »
Alors je suis parti, ne demandant qu'une heure
Et qu'un peu de soutien pour trouver ta demeure.
Je me sens plus vivant à genoux devant toi.

— Pourquoi mourir ici, quand vous viviez sans moi?

— O cœur inexorable ! oui, tu fus offensée !
Mais écoute mon souffle, et sens ma main glacée ;
Viens toucher sur mon front cette froide sueur ;
Du trépas dans mes yeux vois la terne lueur.
Donne, oh ! donne une main ; dis mon nom. Fais entendre
Quelque mot consolant, s'il ne peut être tendre.
Des jours qui m'étaient dus je n'ai pas la moitié ;
Laisse en aller mon âme en rêvant ta pitié !
Hélas ! devant la mort montre un peu d'indulgence !

— La mort n'est que la mort et n'est pas la vengeance

— O dieux ! si jeune encor ! tout son cœur endurci !
Qu'il t'a fallu souffrir pour devenir ainsi !
Tout mon crime est empreint au fond de ton langage,
Faible amie, et ta force horrible est mon ouvrage.
Mais viens, écoute-moi, viens, je mérite et veux
Que ton âme apaisée entende mes aveux.
Je jure, et tu le vois, en expirant, ma bouche
Jure devant ce Christ qui domine ta couche,
Et, si par leur faiblesse ils n'étaient pas liés,
Je lèverais mes bras jusqu'au sang de ses pieds ;
Je jure que jamais mon amour égarée
N'oublia loin de toi ton image adorée ;
L'infidélité même était pleine de toi,
Je te voyais partout entre ma faute et moi,

Et sur un autre cœur mon cœur rêvait tes charmes,
Plus touchants par mon crime et plus beaux par tes larmes.
Séduit par ces plaisirs qui durent peu de temps,
Je fus bien criminel; mais, hélas! j'ai vingt ans.

— T'a-t-elle vu pâlir ce soir dans tes souffrances?

— J'ai vu son désespoir passer tes espérances.
Oui, sois heureuse, elle a sa part dans nos douleurs;
Quand j'ai crié ton nom, elle a versé des pleurs;
Car je ne sais quel mal circule dans mes veines;
Mais je t'invoquais seule avec des plaintes vaines.
J'ai cru d'abord mourir et n'avoir pas le temps
D'appeler ton pardon sur mes derniers instants.
Oh! parle; mon cœur fuit; quitte ce dur langage;
Qu'un regard... Mais quel est ce blanchâtre breuvage
Que tu bois à longs traits et d'un air insensé?

— Le reste du poison qu'hier je t'ai versé. »

Écrit en 1823, dans les Pyrénées.

LE MALHEUR

Suivi du Suicide impie,
A travers les pâles cités,
Le Malheur rôde, il nous épie,
Près de nos seuils épouvantés.
Alors il demande sa proie;
La jeunesse, au sein de la joie,
L'entend, soupire et se flétrit;
Comme au temps où la feuille tombe,
Le vieillard descend dans la tombe,
Privé du feu qui le nourrit.

Où fuir? Sur le seuil de ma porte
Le Malheur, un jour, s'est assis;
Et, depuis ce jour, je l'emporte
A travers mes jours obscurcis.

Au soleil, et dans les ténèbres,
En tous lieux ses ailes funèbres
Me couvrent comme un noir manteau ;
De mes douleurs ses bras avides
M'enlacent ; et ses mains livides
Sur mon cœur tiennent le couteau.

J'ai jeté ma vie aux délices,
Je souris à la volupté ;
Et les insensés, mes complices,
Admirent ma félicité.
Moi-même, crédule à ma joie,
J'enivre mon cœur, je me noie
Aux torrents d'un riant orgueil ;
Mais le Malheur devant ma face
A passé : le rire s'efface,
Et mon front a repris son deuil.

En vain je redemande aux fêtes
Leurs premiers éblouissements,
De mon cœur les molles défaites
Et les vagues enchantements :
Le spectre se mêle à la danse ;
Retombant avec la cadence,

Il tache le sol de ses pleurs,
Et, de mes yeux trompant l'attente,
Passe sa tête dégoûtante
Parmi les fronts ornés de fleurs.

Il me parle dans le silence,
Et mes nuits entendent sa voix;
Dans les arbres il se balance
Quand je cherche la paix des bois,
Près de mon oreille il soupire;
On dirait qu'un mortel expire :
Mon cœur se serre épouvanté.
Vers les astres mon œil se lève,
Mais il y voit pendre le glaive
De l'antique fatalité.

Sur mes mains ma tête penchée
Croit trouver l'innocent sommeil.
Mais, hélas! elle m'est cachée,
Sa fleur au calice vermeil.
Pour toujours elle m'est ravie,
La douce absence de la vie;
Ce bain qui rafraîchit les jours,
Cette mort de l'âme affligée,
Chaque nuit à tous partagée,
Le sommeil m'a fui pour toujours.

« Ah! puisqu'une éternelle veille
Brûle mes yeux toujours ouverts,
Viens, ô Gloire! ai-je dit; réveille
Ma sombre vie au bruit des vers.
Fais qu'au moins mon pied périssable
Laisse une empreinte sur le sable. »
La Gloire a dit : « Fils de douleur,
Où veux-tu que je te conduise?
Tremble; si je t'immortalise,
J'immortalise le Malheur. »

Malheur! oh! quel jour favorable
De ta rage sera vainqueur?
Quelle main forte et secourable
Pourra t'arracher de mon cœur,
Et dans cette fournaise ardente,
Pour moi noblement imprudente,
N'hésitant pas se plonger,
Osera chercher dans la flamme,
Avec force y saisir mon âme,
Et l'emporter loin du danger?

Écrit en 1820.

LA PRISON

POEME

XVIIe SIÈCLE

« Oh ! ne vous jouez plus d'un vieillard et d'un prêtre !
Étranger dans ces lieux, comment les reconnaître ?
Depuis une heure au moins, cet importun bandeau
Presse mes yeux souffrants de son épais fardeau.
Soin stérile et cruel ! car de ces édifices
Ils n'ont jamais tenté les sombres artifices.
Soldats ! vous outragez le ministre et le Dieu,
Dieu même que mes mains apportent dans ce lieu. »
Il parle ; mais en vain sa crainte les prononce :
Ces mots et d'autres cris se taisent sans réponse.

On l'entraîne toujours en des détours savants.
Tantôt crie à ses pieds le bois des ponts mouvants ;
Tantôt sa voix s'éteint à de courts intervalles,
Tantôt fait retentir l'écho des vastes salles.
Dans l'escalier tournant on dirige ses pas ;
Il monte à la prison que lui seul ne voit pas,
Et, les bras étendus, le vieux prêtre timide
Tâte les murs épais du corridor humide.
On s'arrête ; il entend le bruit des pas mourir,
Sous de bruyantes clefs des gonds de fer s'ouvrir.
Il descend trois degrés sur la pierre glissante,
Et, privé du secours de sa vue impuissante,
La chaleur l'avertit qu'on éclaire ces lieux ;
Enfin, de leur bandeau l'on délivre ses yeux.
Dans un étroit cachot dont les torches funèbres
Ont peine à dissiper les épaisses ténèbres,
Un vieillard expirant attendait ses secours :
Du moins ce fut ainsi qu'en un brusque discours
Ses sombres conducteurs le lui firent entendre.
Un instant, en silence, on le pria d'attendre.
« Mon prince, dit quelqu'un, le saint homme est venu.
— Eh ! que m'importe, à moi ? » soupira l'inconnu.
Cependant, vers le lit que deux lourdes tentures
Voilent du luxe ancien de leurs pâles peintures,
Le prêtre s'avança lentement, et, sans voir
Le malade caché, se mit à son devoir.

LE PRÊTRE.

Écoutez-moi, mon fils.

LE MOURANT.

Hélas ! malgré ma haine,
J'écoute votre voix, c'est une voix humaine :
J'étais né pour l'entendre, et je ne sais pourquoi
Ceux qui m'ont fait du mal ont tant d'attrait pour moi.
Jamais je ne connus cette rare parole
Qu'on appelle amitié, qui, dit-on, vous console;
Et les chants maternels qui charment vos berceaux
N'ont jamais résonné sous mes tristes arceaux;
Et pourtant, lorsqu'un mot m'arriva moins sévère,
Il ne fut pas perdu pour mon cœur solitaire.
Mais, puisque vous m'aimez, ô vieillard inconnu !
Pourquoi jusqu'à ce jour n'êtes-vous pas venu ?

LE PRÊTRE.

O, qui que vous soyez ! vous que tant de mystère,
Avant le temps prescrit, sépara de la terre,

Vous n'aurez plus de fers dans l'asile des morts:
Si vous avez failli, rappelez les remords,
Versez-les dans le sein du Dieu qui vous écoute;
Ma main du repentir vous montrera la route.
Entrevoyez le Ciel par vos maux acheté :
Je suis prêtre, et vous porte ici la liberté.
De la confession j'accomplis l'œuvre sainte;
Le tribunal divin siége dans cette enceinte.
Répondez, le pardon déjà vous est offert;
Dieu même...

LE MOURANT.

Il est un Dieu? J'ai pourtant bien souffert!

LE PRÊTRE.

Vous avez moins souffert qu'il ne l'a fait lui-même.
Votre dernier soupir sera-t-il un blasphème?
Et quel droit avez-vous de plaindre vos malheurs,
Lorsque le sang du Christ tomba dans les douleurs ?
O mon fils, c'est pour nous, tout ingrats que nous sommes,
Qu'il a daigné descendre aux misères des hommes;
A la vie, en son nom, dites un mâle adieu.

LE MOURANT.

J'étais peut-être roi.

LE PRÊTRE.

Le sauveur était Dieu ;
Mais, sans nous élever jusqu'à ce divin Maître,
Si j'osais, après lui, nommer encor le prêtre,
Je vous dirais : Et moi, pour combattre l'enfer,
J'ai resserré mon sein dans un corset de fer ;
Mon corps a revêtu l'inflexible cilice,
Où chacun de mes pas trouve un nouveau supplice.
Au cloître est un pavé que, durant quarante ans,
Ont usé chaque jour mes genoux pénitents.
Et c'est encor trop peu que de tant de souffrance
Pour acheter du Ciel l'ineffable espérance.
Au creuset douloureux il faut être épuré
Pour conquérir son rang dans le séjour sacré.
Le temps nous presse ; au nom de vos douleurs passées,
Dites-moi vos erreurs pour les voir effacées ;
Et devant cette croix où Dieu monta pour nous,
Souhaitez avec moi de tomber à genoux.

Sur le front du vieux moine, une rougeur légère
Fit renaître une ardeur à son âge étrangère ;

Les pleurs qu'il retenait coulèrent un moment,
Au chevet du captif il tomba pesamment ;
Et ses mains présentaient le crucifix d'ébène,
Et tremblaient en l'offrant, et le tenaient à peine.
Pour le cœur du chrétien demandant des remords,
Il murmurait tout bas la prière des morts.
Et, sur le lit, sa tête, avec douleur penchée,
Cherchait du prisonnier la figure cachée.
Un flambeau la révèle entière : ce n'est pas
Un front décoloré par un prochain trépas,
Ce n'est pas l'agonie et son dernier ravage ;
Ce qu'il voit est sans traits, et sans vie, et sans âge :
Un fantôme immobile à ses yeux est offert,
Et les feux ont relui sur un masque de fer.

———

Plein d'horreur à l'aspect de ce sombre mystère,
Le prêtre se souvient que, dans le monastère,
Une fois, en tremblant, on se parlait tout bas
D'un prisonnier d'État que l'on ne nommait pas ;
Qu'on racontait de lui des choses merveilleuses,
De berceau dérobé, de craintes orgueilleuses,
De royale naissance, et de droits arrachés,
Et de ses jours captifs sous un masque cachés.
Quelques pères disaient qu'à sa descente en France,
De secouer ses fers il conçut l'espérance ;

Qu'aux geôliers un instant il s'était dérobé,
Et, quoiqu'entre leurs mains aisément retombé,
L'on avait vu ses traits; et qu'une Provençale,
Arrivée au couvent de Saint-François-de-Sale
Pour y prendre le voile, avait dit, en pleurant,
Qu'elle prenait la Vierge et son Fils pour garant
Que le Masque de fer avait vécu sans crime,
Et que son jugement était illégitime;
Qu'il tenait des discours pleins de grâce et de foi,
Qu'il était jeune et beau, qu'il ressemblait au roi,
Qu'il avait dans la voix une douceur étrange,
Et que c'était un prince ou que c'était un ange.
Il se souvint encor qu'un vieux bénédictin,
S'étant acheminé vers la tour, un matin,
Pour rendre un vase d'or tombé sur son passage,
N'était pas revenu de ce triste voyage :
Sur quoi, l'abbé du lieu pour toujours défendit
Les entretiens touchant le prisonnier maudit !
Nul ne devait sonder la récente aventure;
Le Ciel avait puni la coupable lecture
Des mystères gravés sur ce vase indiscret.
Le temps fit oublier ce dangereux secret.

Le prêtre regardait le malheureux célèbre;
Mais ce cachot tout plein d'un appareil funèbre.

Et cette mort voilée, et ces longs cheveux blancs,
Nés captifs et jetés sur des membres tremblants,
L'arrêteront longtemps en un sombre silence.
Il va parler enfin ; mais, tandis qu'il balance,
L'agonisant du lit se soulève et lui dit :
« Vieillard, vous abaissez votre front interdit ;
Je n'entends plus le bruit de vos conseils frivoles ;
L'aspect de mon malheur arrête vos paroles.
Oui, regardez-moi bien, et puis dites, après,
Qu'un Dieu de l'innocent défend les intérêts ;
Des péchés tant proscrits, où toujours l'on succombe,
Aucun n'a séparé mon berceau de ma tombe ;
Seul, toujours seul, par l'âge et la douleur vaincu,
Je meurs tout chargé d'ans, et je n'ai pas vécu.
Du récit de mes maux vous êtes bien avide :
Pourquoi venir fouiller dans ma mémoire vide,
Où, stérile de jours, le temps dort effacé ?
Je n'eus point d'avenir et n'ai point de passé ;
J'ai tenté d'en avoir ; dans mes longues journées,
Je traçais sur les murs mes lugubres années ;
Mais je ne pus les suivre en leur douloureux cours.
Les murs étaient remplis, et je vivais toujours.
Tout me devint alors obscurité profonde ;
Je n'étais rien pour lui, qu'était pour moi le monde ?
Que m'importaient des temps où je ne comptais pas ?
L'heure que j'invoquais, c'est l'heure du trépas.
Écoutez, écoutez : quand je tiendrais la vie
De l'homme qui toujours tint la mienne asservie,

J'hésiterais, je crois, à le frapper des maux
Qui rongèrent mes jours, brûlèrent mon repos;
Quand le règne inconnu d'une impuissante ivresse
Saisit mon cœur oisif d'une vague tendresse,
J'appelais le bonheur, et ces êtres amis
Qu'à mon âge brûlant un songe avait promis.
Mes larmes ont rouillé mon masque de torture;
J'arrosais de mes pleurs ma noire nourriture;
Je déchirais mon sein par mes gémissements;
J'effrayais mes geôliers de mes longs hurlements;
Des nuits, par mes soupirs, je mesurais l'espace;
Aux hiboux des créneaux je disputais leur place,
Et, pendant aux barreaux où s'arrêtaient mes pas,
Je vivais hors des murs d'où je ne sortais pas. »

―――

Ici tomba sa voix. Comme après le tonnerre
De tristes sons encore épouvantent la terre,
Et, dans l'antre sauvage où l'effroi l'a placé,
Retiennent en grondant le voyageur glacé,
Longtemps on entendit ses larmes retenues
Suivre encore une fois des routes bien connues;
Les sanglots murmuraient dans ce cœur expirant.
Le vieux prêtre toujours priait en soupirant,
Lorsqu'un des noirs geôliers se pencha pour lui dire
Qu'il fallait se hâter, qu'il craignait le délire,

Un nouveau zèle alors ralluma ses discours.
« O mon fils! criait-il, votre vie eut son cours;
Heureux, trois fois heureux, celui que Dieu corrige!
Gardons de repousser les peines qu'il inflige :
Voici l'heure où vos maux vous seront précieux,
Il vous a préparé lui-même pour les cieux.
Oubliez votre corps, ne pensez qu'à votre âme;
Dieu lui-même l'a dit : « L'homme né de la femme
Ne vit que peu de temps, et c'est dans les douleurs. »
Ce monde n'est que vide et ne vaut pas des pleurs.
Qu'aisément de ses biens notre âme est assouvie !
Me voilà, comme vous, au bout de cette vie;
J'ai passé bien des jours, et ma mémoire en deuil
De leur peu de bonheur n'est plus que le cercueil.
C'est à moi d'envier votre longue souffrance,
Qui d'un monde plus beau vous donne l'espérance;
Les anges à vos pas ouvriront le saint lieu :
Pourvu que vous disiez un mot à votre Dieu,
Il sera satisfait. » Ainsi, dans sa parole,
Mêlant les saints propos du livre qui console,
Le vieux prêtre engageait le mourant à prier,
Mais en vain : tout à coup on l'entendit crier,
D'une voix qu'animait la fièvre du délire,
Ces rêves du passé : « Mais enfin je respire !
O bords de la Provence! ô lointain horizon!
Sable jaune où des eaux murmure le doux son!
Ma prison s'est ouverte. Oh! que la mer est grande !
Est-il vrai qu'un vaisseau jusque là-bas se rende?

Dieu! qu'on doit être heureux parmi les matelots!
Que je voudrais nager dans la fraîcheur des flots!
La terre vient, nos pieds à marcher se disposent,
Sur nos mâts arrêtés les voiles se reposent.
Ah! j'ai fui les soldats; en vain ils m'ont cherché;
Je suis libre, je cours, le masque est arraché;
De l'air dans mes cheveux j'ai senti le passage,
Et le soleil un jour éclaira mon visage.
« Oh! pourquoi fuyez-vous? Restez sur vos gazons,
Vierges! continuez vos pas et vos chansons;
Pourquoi vous retirer aux cabanes prochaines?
Le monde autant que moi déteste donc les chaînes? »
Une seule s'arrête et m'attend sans terreur :
Quoi! du Masque de fer elle n'a pas horreur!
Non, j'ai vu la pitié sur ses lèvres si belles,
Et de ses yeux en pleurs les douces étincelles.
« Soldats! que voulez-vous? quel lugubre appareil!
J'ai mes droits à l'amour et ma part au soleil;
Laissez-nous fuir ensemble. Oh! voyez-la! c'est elle
Avec qui je veux vivre, elle est là qui m'appelle;
Je ne fais pas le mal; allez, dites au roi
Qu'aucun homme jamais ne se plaindra de moi;
Que je serais content si, près de ma compagne,
Je puis errer longtemps de montagne en montagne,
Sans jamais arrêter nos loisirs voyageurs!
Que je ne chercherai ni parents ni vengeurs;
Et, si l'on me demande où j'ai passé ma vie,
Je saurai déguiser ma liberté ravie;

Votre crime est bien grand, mais je le cacherai.
Ah! laissez-moi le Ciel, je vous pardonnerai.
Non!... toujours des cachots... Je suis né votre proie...»
Mais je vois mon tombeau, je m'y couche avec joie,
Car vous ne m'aurez plus, et je n'entendrai plus
Les verrous se fermer sur l'éternel reclus.
Que me veut donc cet homme avec ses habits sombres?
Captifs morts dans ces murs, est-ce une de vos ombres?
Il pleure. Ah! malheureux, est-ce ta liberté?

LE PRÊTRE.

Non, mon fils, c'est sur vous; voici l'éternité.

LE MOURANT.

A moi? Je n'en veux pas; j'y trouverais des chaînes,

LE PRÊTRE.

Non, vous n'y trouverez que des faveurs prochaines.
Un mot de repentir, un mot de notre foi,
Le Seigneur vous pardonne.

LE MOURANT.

     O prêtre! laissez-moi!

LE PRÊTRE.

Dites : « Je crois en Dieu. » La mort vous est ravie.

LE MOURANT.

Laissez en paix ma mort, on y laissa ma vie.

Et d'un dernier effort l'esclave délirant
Au mur de la prison brise son bras mourant.
« Mon Dieu ! venez vous-même au secours de cette âme ! »
Dit le prêtre, animé d'une pieuse flamme.
Au fond d'un vase d'or, ses doigts saints ont cherché
Le pain mystérieux où Dieu même est caché :
Tout se prosterne alors en un morne silence.
La clarté d'un flambeau sur le lit se balance ;
Le chevet sur deux bras s'avance supporté,
Mais en vain : le captif était en liberté.

Resté seul au cachot, durant la nuit entière,
Le vieux religieux récita la prière ;
Auprès du lit funèbre il fut toujours assis.

Quelques larmes souvent, de ses yeux obscurcis,
Interrompant sa voix, tombaient sur le saint livre;
Et, lorsque la douleur l'empêchait de poursuivre,
Sa main jetait alors l'eau du rameau bénit
Sur celui qui du ciel peut-être était banni.
Et puis, sans se lasser, il reprenait encore,
De sa voix qui tremblait dans la prison sonore,
Le dernier chant de paix; il disait : » O Seigneur!
Ne brisez pas mon âme avec votre fureur;
Ne m'enveloppez pas dans la mort de l'impie. »
Il ajoutait aussi : « Quand le méchant m'épie,
Me ferez-vous tomber, Seigneur, entre ses mains?
C'est lui qui sous mes pas a rompu vos chemins;
Ne me châtiez point, car mon crime est son crime.
J'ai crié vers le Ciel du plus profond abîme.
O mon Dieu! tirez-moi du milieu des méchants! »
Lorsqu'un rayon du jour eut mis fin à ses chants,
Il entendit monter vers les noires retraites,
Et des voix résonner sous les voûtes secrètes.
Un moment lui restait, il eût voulu du moins
Voir le mort qu'il pleurait sans ces cruels témoins;
Il s'approche, en tremblant, de ce fils du mystère
Qui vivait et mourait étranger à la terre;
Mais le Masque de fer soulevait le linceul,
Et la captivité le suivit au cercueil.

Écrit en 1821, à Vincennes.

MADAME DE SOUBISE

POEME DU XVIe SIÈCLE

A M. ANTONY DESCHAMPS

« Le 24 du mesme mois s'exploita l'exécution tant souhaitée, qui déliura la chrestienté d'un nombre de pestes, au moyen desquelles le diable se faisoit fort de la destruire, attendu que deux ou trois qui en reschappèrent font encore autant de mal. Ce jour apporta merveilleux allegement et soulas à l'Église. »

La vraye et entière histoire des troubles,
par le frère de Laval.

I

« Arquebusiers ! chargez ma coulevrine !
Les lanquenets passent ! sur leur poitrine
Je vois enfin la croix rouge, la croix
Double, et tracée avec du sang, je crois !
Il est trop tard ; le bourdon Notre-Dame
Ne m'avait donc éveillé qu'à demi ?
Nous avons bu trop longtemps, sur mon âme !
Mais nous buvions à saint Barthélemy.

II

» Donnez une épée,
Et la mieux trempée,
Et mes pistolets,
Et mes chapelets.
Déjà le jour brille
Sur le Louvre noir;
On va tout savoir :
— Dites à ma fille
De venir tout voir. »

III

Le baron parle ainsi par la fenêtre;
C'est bien sa voix qu'on ne peut méconnaître;
Courez, varlets, échansons, écuyers,
Suisses, piqueux, page, arbalétriers !
Voici venir madame Marie-Anne,
Elle descend l'escalier de la tour;
Jusqu'aux pavés baissez la pertuisane,
Et que chacun la salue à son tour.

IV

Une haquenée
Est seule amenée,
Tant elle a d'effroi
Du noir palefroi.
Mais son père monte
Le beau destrier.
Ferme à l'étrier :
« N'avez-vous pas honte
Dit-il, de crier !

V

» Vous descendez des hauts barons, ma mie;
Dans ma lignée, on note d'infamie
Femme qui pleure, et ce, par la raison
Qu'il en peut naître un lâche en ma maison.
Levez la tête et baissez votre voile;
Partons. Varlets, faites sonner le cor.
Sous ce brouillard la Seine me dévoile
Ses flots rougis... Je veux voir plus encor.

VI

» La voyez-vous croître
La tour du vieux cloître?
Et le grand mur noir
Du royal manoir?
Entrons dans le Louvre.
Vous tremblez, je croi,
Au son du beffroi?
La fenêtre s'ouvre,
Saluez le roi. »

VII

Le vieux baron, en signant sa poitrine,
Va visiter la reine Catherine ;
Sa fille reste, et dans la cour s'assied :
Mais sur un corps elle heurte son pied :
« Je vis encor, je vis encor, madame ;
Arrêtez-vous et donnez-moi la main ;
En me sauvant, vous sauverez mon âme ;
Car j'entendrai la messe dès demain. »

VIII

— Huguenot profane,
Lui dit Marie-Anne,
Sur ton corselet
Mets mon chapelet.
Tu prieras la Vierge,
Je prierai le roi.
Prends ce palefroi,
Surtout prends un cierge,
Et viens avec moi. »

IX

Marie ordonne à tout son équipage
De l'emporter dans le manteau d'un page,
Lui fait ôter ses baudriers trop lourds,
Jette sur lui sa cape de velours,
Attache un voile avec une relique
Sur sa blessure, et dit, sans s'émouvoir :
« Ce gentilhomme est un bon catholique,
Et dans l'église il vous le fera voir. »

X

Murs de Saint-Eustache !
Quel peuple s'attache
A vos escaliers,
A vos noirs piliers,
Traînant sur la claie
Ces morts sans cercueil,
La fureur dans l'œil,
Et formant la haie
De l'autel au seuil ?

XI

Dieu fasse grâce à l'année où nous sommes !
Ce sont vraiment des femmes et des hommes ;
Leur foule entonne un *Te Deum* en chœur,
Et dans le sang trempe et dévoue un cœur,
Cœur d'amiral arraché dans la rue,
Cœur gangrené du schisme de Calvin.
On boit, on mange, on rit ; la foule accrue
Se l'offre et dit : « C'est le pain et le vin.

XII

Un moine qui masque
Son front sous un casque
Lit au maître-autel
Le livre immortel;
Il chante au pupitre,
Et sa main trois fois,
En faisant la croix,
Jette sur l'épître
Le sang de ses doigts.

XIII

« Place ! dit-il ; tenons notre promesse
D'épargner ceux qui viennent à la messe.
Place ! je vois arriver deux enfants :
Ne tuez pas encor, je le défends ;
Tant qu'ils sont là, je les ai sous ma garde.
Saint Paul a dit : « Le temple est fait pour tous. »
Chacun son lot, le dedans me regarde ;
Mais, une fois dehors, ils sont à vous.

XIV

— Je viens sans mon père;
Mais en vous j'espère
(Dit Anne deux fois
D'une faible voix);
Il est chez la reine;
Moi, j'accours ici
Demander merci
Pour ce capitaine
Qui vous prie aussi. »

XV

Le blessé dit : « Il n'est plus temps, madame;
Mon corps n'est pas sauvé, mais bien mon âme;
Si vous voulez, donnez-moi votre main,
Et je mourrai catholique et romain;
Épousez-moi, je suis duc de Soubise
Vous n'aurez pas à vous en repentir :
C'est pour un jour. Hélas! dans votre église
Je suis entré, mais pour n'en plus sortir.

XVI

» Je sens fuir mon âme !
Êtes-vous ma femme ?
— Hélas ! dit-elle, oui, »
Se baissant vers lui.
Un mot les marie.
Ses yeux, par l'effort
D'un dernier transport,
Regardent Marie ;
Puis il tombe mort.

XVII

Ce fut ainsi qu'Anne devint duchesse ;
Elle donna le fief et sa richesse
A l'ordre saint des frères de Jésus,
Et leur légua ses propres biens en sus.
Un faible corps qu'un esprit troublé ronge
Résiste peu, mais ne vit pas longtemps :
Dans le couvent des nonnes, en Saintonge,
Elle mourut vierge et veuve à vingt ans.

Écrit à la Briche, en Beauce. Mai 1828.

LA NEIGE

POEME

—

I

Qu'il est doux, qu'il est doux d'écouter des histoires,
     Des histoires du temps passé,
     Quand les branches d'arbre sont noires,
Quand la neige est épaisse, et charge un sol glacé!
Quand seul dans un ciel pâle un peuplier s'élance,
Quand sous le manteau blanc qui vient de le cacher
L'immobile corbeau sur l'arbre se balance,
Comme la girouette au bout du long clocher!

Ils sont petits et seuls, ces deux pieds dans la neige.
Derrière les vitraux dont l'azur le protége,
Le roi pourtant regarde et voudrait ne pas voir,
Car il craint sa colère et surtout son pouvoir.

De cheveux longs et gris son front brun s'environne,
Et porte en se ridant le fer de la couronne;
Sur l'habit dont la pourpre a peint l'ample velours,
L'empereur a jeté la lourde peau d'un ours.

Avidement courbé, sur le sombre vitrage
Ses soupirs inquiets impriment un nuage.
Contre un marbre frappé d'un pied appesanti,
La sandale romaine a vingt fois retenti.

Est-ce vous, blanche Emma, princesse de la Gaule?
Quel amoureux fardeau pèse à sa jeune épaule?
C'est le page Éginard, qu'à ses genoux le jour
Surprit, ne dormant pas, dans la secrète tour.

Doucement son bras droit étreint un cou d'ivoire,
Doucement son baiser suit une tresse noire,
Et la joue inclinée, et ce dos où les lis
De l'hermine entourés sont plus blancs que ses plis.

Il retient dans son cœur une craintive haleine,
Et de sa dame ainsi pense alléger la peine,
Et gémit de son poids, et plaint ses faibles pieds
Qui, dans ses mains, ce soir, dormiront essuyés;

Lorsqu'arrêtée Emma vante sa marche sûre,
Lève un front caressant, sourit et le rassure,
D'un baiser mutuel implore le secours,
Puis repart chancelante et traverse les cours.

Mais les voix des soldats résonnent sous les voûtes,
Les hommes d'armes noirs en ont fermé les routes;
Éginard, échappant à ses jeunes liens,
Descend des bras d'Emma, qui tombe dans les siens.

II

Un grand trône ombragé des drapeaux d'Allemagne
De son dossier de pourpre entoure Charlemagne.
Les douze pairs, debout sur ses larges degrés,
Y font luire l'orgueil des lourds manteaux dorés.

Tous posent un bras fort sur une longue épée,
Dans le sang des Saxons neuf fois par eux trempée ;
Par trois vives couleurs se peint sur leurs écus
La gothique devise autour des rois vaincus.

Sous les triples piliers des colonnes moresques,
En cercle sont placés des soldats gigantesques,
Dont le casque fermé, chargé de cimiers blancs,
Laisse à peine entrevoir les yeux étincelants.

Tous deux joignant les mains, à genoux sur la pierre,
L'un pour l'autre en leur cœur cherchant une prière,
Les beaux enfants tremblaient, en abaissant leur front,
Tantôt pâle de crainte ou rouge de l'affront.

D'un silence glacé régnait la paix profonde.
Bénissant en secret sa chevelure blonde,
Avec un lent effort, sous ce voile, Éginard
Tente vers sa maîtresse un timide regard.

Sous l'abri de ses mains Emma cache sa tête,
Et, pleurant, elle attend l'orage qui s'apprête :
Comme on se tait encore, elle donne à ses yeux
A travers ses beaux doigts un jour audacieux.

L'empereur souriait en versant une larme,
Qui donnait à ses traits un ineffable charme ;
Il appela Turpin, l'évêque du palais,
Et d'une voix très-douce il dit : « Bénissez-les. »

Qu'il est doux, qu'il est doux d'écouter des histoires,
    Des histoires du temps passé,
    Quand les branches d'arbre sont noires,
Quand la neige est épaisse et charge un sol glacé !

1830.

LE COR

POÈME

—

I

J'aime le son du cor, le soir, au fond des bois,
Soit qu'il chante les pleurs de la biche aux abois,
Ou l'adieu du chasseur que l'écho faible accueille,
Et que le vent du nord porte de feuille en feuille.

Que de fois, seul, dans l'ombre à minuit demeuré,
J'ai souri de l'entendre, et plus souvent pleuré !
Car je croyais ouïr de ces bruits prophétiques
Qui précédaient la mort des paladins antiques.

O montagne d'azur ! ô pays adoré !
Rocs de la Frazona, cirque du Marboré,
Cascades qui tombez des neiges entraînées,
Sources, gaves, ruisseaux, torrents des Pyrénées ;

Monts gelés et fleuris, trône des deux saisons,
Dont le front est de glace et le pied de gazons !
C'est là qu'il faut s'asseoir, c'est là qu'il faut entendre
Les airs lointains d'un cor mélancolique et tendre.

Souvent un voyageur, lorsque l'air est sans bruit,
De cette voix d'airain fait retentir la nuit ;
A ses chants cadencés autour de lui se mêle
L'harmonieux grelot du jeune agneau qui bêle.

Une biche attentive, au lieu de se cacher,
Se suspend immobile au sommet du rocher,
Et la cascade unit, dans une chute immense,
Son éternelle plainte aux chants de la romance.

Ames des chevaliers, revenez-vous encor ?
Est-ce vous qui parlez avec la voix du cor ?
Roncevaux ! Roncevaux ! dans ta sombre vallée
L'ombre du grand Roland n'est donc pas consolée !

II

Tous les preux étaient morts, mais aucun n'avait fui.
Il reste seul debout, Olivier près de lui;
L'Afrique sur le mont l'entoure et tremble encore.
« Roland, tu vas mourir, rends-toi, criait le More;

» Tous tes pairs sont couchés dans les eaux des torrents. »
Il rugit comme un tigre, et dit : « Si je me rends,
Africain, ce sera lorsque les Pyrénées
Sur l'onde avec leurs corps rouleront entraînées.

» — Rends-toi donc, répond-il, ou meurs, car les voilà. »
Et du plus haut des monts un grand rocher roula.
Il bondit, il roula jusqu'au fond de l'abîme,
Et de ses pins, dans l'onde, il vint briser la cime.

« Merci, cria Roland; tu m'as fait un chemin. »
Et, jusqu'au pied des monts le roulant d'une main,
Sur le roc affermi comme un géant s'élance,
Et, prête à fuir, l'armée à ce seul pas balance.

III

Tranquilles cependant, Charlemagne et ses preux
Descendaient la montagne et se parlaient entre eux.
A l'horizon déjà, par leurs eaux signalées,
De Luz et d'Argelès se montraient les vallées.

L'armée applaudissait. Le luth du troubadour
S'accordait pour chanter les saules de l'Adour;
Le vin français coulait dans la coupe étrangère;
Le soldat, en riant, parlait à la bergère.

Roland gardait les monts; tous passaient sans effroi.
Assis nonchalamment sur un noir palefroi
Qui marchait revêtu de housses violettes,
Turpin disait, tenant les saintes amulettes :

« Sire, on voit dans le ciel des nuages de feu;
Suspendez votre marche; il ne faut tenter Dieu.
Par monsieur saint Denis, certes ce sont des âmes
Qui passent dans les airs sur ces vapeurs de flammes.

» Deux éclairs ont relui, puis deux autres encor. »
Ici l'on entendit le son lointain du cor.
L'empereur étonné, se jetant en arrière,
Suspend du destrier la marche aventurière.

« Entendez-vous ? dit-il. — Oui, ce sont des pasteurs
Rappelant les troupeaux épars sur les hauteurs,
Répondit l'archevêque, ou la voix étouffée
Du nain vert Obéron, qui parle avec sa fée. »

Et l'empereur poursuit ; mais son front soucieux
Est plus sombre et plus noir que l'orage des cieux.
Il craint la trahison, et, tandis qu'il y songe,
Le cor éclate et meurt, renaît et se prolonge.

« Malheur ! c'est mon neveu ! malheur ! car, si Roland
Appelle à son secours, ce doit être en mourant.
Arrière, chevaliers, repassons la montagne !
Tremble encor sous nos pieds, sol trompeur de l'Espagne ! »

IV

Sur le plus haut des monts s'arrêtent les chevaux ;
L'écume les blanchit ; sous leurs pieds, Roncevaux

Des feux mourants du jour à peine se colore.
A l'horizon lointain fuit l'étendard du More.

« Turpin n'as-tu rien vu dans le fond du torrent ?
— J'y vois deux chevaliers : l'un mort, l'autre expirant.
Tous deux sont écrasés sous une roche noire ;
Le plus fort, dans sa main, élève un cor d'ivoire,
Son âme en s'exhalant nous appela deux fois. »

———

Dieu ! que le son du cor est triste au fond des bois !

Écrit à Pau, en 1825.

LE BAL

POEME

—

La harpe tremble encor et la flûte soupire,
Car la valse bondit dans son sphérique empire,
Des couples passagers éblouissent les yeux,
Volent entrelacés en cercle gracieux,
Suspendent des repos balancés en mesure,
Aux reflets d'une glace admirent leur parure,
Repartent; puis, troublés par leur groupe riant,
Dans leurs tours moins adroits se heurtent en criant.
La danseuse, enivrée aux transports de la fête,
Sème et foule en passant les bouquets de sa tête,

Au bras qui la soutient se livre, et, pâlissant,
Tourne, les yeux baissés sur un sein frémissant.

———

Courez, jeunes beautés, formez la double danse.
    Entendez-vous l'archet du bal joyeux,
Jeunes beautés ? Bientôt la légère cadence
Toutes va, tout à coup, vous mêler à mes yeux.

———

Dansez, et couronnez de fleurs vos fronts d'albâtre ;
Liez au blanc muguet l'hyacinthe bleuâtre.
Et que vos pas moelleux, délices d'un amant,
Sur le chêne poli glissent légèrement ;
Dansez, car dès demain vos mères exigeantes
A vos jeunes travaux vous diront négligentes ;
L'aiguille détestée aura fui de vos doigts,
Ou, de la mélodie interrompant les lois,
Sur l'instrument mobile, harmonieux ivoire,
Vos mains auront perdu la touche blanche et noire ;
Demain, sous l'humble habit du jour laborieux,
Un livre, sans plaisir, fatiguera vos yeux ;...
Ils chercheront en vain, sur la feuille indocile,
De ses simples discours le sens clair et facile ;

Loin du papier noirci, votre esprit égaré,
Partant, seul et léger, vers le bal adoré,
Laissera de vos yeux l'indécise prunelle
Recommencer vingt fois une page éternelle.
Prolongez, s'il se peut, oh! prolongez la nuit,
Qui d'un pas diligent plus que vos pas s'enfuit!

———

Le signal est donné, l'archet frémit encore :
    Élancez-vous, liez ces pas nouveaux
Que l'Anglais inventa, nœuds chers à Terpsichore,
Qui d'une molle chaîne imitent les anneaux.

———

Dansez, un soir encore usez de votre vie :
L'étincelante nuit d'un long jour est suivie ;
A l'orchestre brillant le silence fatal
Succède, et les dégoûts aux doux propos du bal.
Ah! reculez le jour où, surveillantes mères,
Vous saurez du berceau les angoisses amères :
Car, dès que de l'enfant le cri s'est élevé,
Adieu, plaisir, long voile à demi relevé,
Et parure éclatante, et beaux joyaux des fêtes,
Et le soir, en passant, les riantes conquêtes

Sous les ormes, le soir, aux heures de l'amour,
Quand les feux suspendus ont rallumé le jour.
Mais, aux yeux maternels, les veilles inquiètes
Ne manqueront jamais, ni les peines muettes
Que dédaigne l'époux, que l'enfant méconnaît,
Et dont le souvenir dans les songes renaît.
Ainsi, toute au berceau qui la tient asservie,
La mère avec ses pleurs voit s'écouler sa vie.
Rappelez les plaisirs, ils fuiront votre voix,
Et leurs chaînes de fleurs se rompront sous vos doigts.

Ensemble, à pas légers, traversez la carrière ;
    Que votre main touche une heureuse main,
Et que vos pieds savants à leur place première
Reviennent, balancés dans leur double chemin.

Dansez : un jour, hélas ! ô reines éphémères !
De votre jeune empire auront fui les chimères !
Rien n'occupera plus vos cœurs désenchantés,
Que des rêves d'amour bien vite épouvantés,
Et le regret lointain de ces fraîches années
Qu'un souffle a fait mourir, en moins de temps fanées

Que la rose et l'œillet, l'honneur de votre front;
Et du temps indompté lorsque viendra l'affront,
Quelles seront alors vos tardives alarmes!
Un teint, déjà flétri, pâlira sous les larmes,
Les larmes à présent, doux trésors des amours,
Les larmes, contre l'âge, inutile secours :
Car les ans maladifs, avec un doigt de glace,
Des chagrins dans vos cœurs auront marqué la place,
La morose vieillesse... Ô légères beautés!
Dansez, multipliez vos pas précipités,
Et dans les blanches mains les mains entrelacées,
Et les regards de feu, les guirlandes froissées,
Et le rire éclatant, cri des joyeux loisirs,
Et que la salle au loin tremble de vos plaisirs.

Paris, 1818.

LE TRAPPISTE[1]

POEME

—

C'était une des nuits qui des feux de l'Espagne
Par des froids bienfaisants consolent la campagne ;
L'ombre était transparente, et le lac argenté
Brillait à l'horizon sous un voile enchanté ;
Une lune immobile éclairait les vallées
Où des citronniers verts serpentent les allées ;

---

1. « On a proposé au roi de profiter du temps pour quitter Madrid avec une escorte sûre ; mais l'infortuné prince n'a pu se résoudre à suivre ce conseil.

» Le bruit s'étant répandu parmi les gardes que le roi était emmené hors du palais, prisonnier des Cortès, l'ardeur de cette troupe fidèle ne pouvait plus se contenir. Elle résolut de pénétrer jusqu'au palais et de mettre le roi en liberté. Après une charge meurtrière, ils parvinrent sur la place du palais. Ils attendaient impatiemment des ordres ; nul ordre ne fut donné de l'intérieur ! Figurez-vous le palais du roi entouré de ses malheureux gardes, dix pièces de canon braquées contre les portes et les fenêtres, dix mille personnes, tant miliciens que bandits, poussant des cris épouvantables... Ils ont combattu... Le nombre des gardes échappés (vers l'armée de la Foi) est d'environ trois cents... Le roi a paru au balcon et a salué le peuple. »

Moniteur, 15 juillet 1822.

Des milliers de soleils, sans offenser les yeux,
Tels qu'une poudre d'or, semaient l'azur des cieux,
Et les monts inclinés, verdoyante ceinture
Qu'en cercles inégaux enchaîna la nature,
De leurs dômes en fleurs étalaient la beauté,
Revêtus d'un manteau bleuâtre et velouté.
Mais aucun n'égalait, dans sa magnificence,
Le mont Serrat, paré de toute sa puissance :
Quand des nuages blancs sur son dos arrondi
Roulaient leurs flots chassés par le vent du midi,
Les brisant de son front, comme un nageur habile,
Le géant semblait fuir sous ce rideau mobile ;
Tantôt un piton noir, seul dans le firmament,
Tel qu'un fantôme énorme, arrivait lentement ;
Tantôt un bois riant, sur une roche agreste,
S'éclairait, suspendu comme une île céleste.
Puis enfin, des vapeurs délivrant ses contours,
Comme une forteresse au milieu de ses tours,
Sortait le pic immense : il semblait à ses plaines
Des vents frais de la nuit partager les haleines ;
Et l'orage indécis, murmurant à ses pieds,
Pendait encor d'en haut sur les monts effrayés.

- - - - - -

En spectacles pompeux la nature est féconde,
Mais l'homme a des pensers bien plus grands que le monde.

Quelquefois tout un peuple endormi dans ses maux
S'éveille, et, saisissant le glaive des hameaux,
Maudissant la révolte impure et tortueuse,
Élève tout à coup sa voix majestueuse :
Il redemande à Dieu ses autels profanés,
Il appelle à grands cris ses rois emprisonnés;
Comme un tigre, il arrache, il emporte sa chaîne ;
Il s'élève, il grandit, il s'étend comme un chêne,
Et de ses mille bras il couvre en liberté
Les sillons paternels du sol qui l'a porté.
Ainsi, terre indocile, à ton roi seul constante,
Vendée, où la chaumière est encore une tente,
Ainsi de ton Bocage aux détours meurtriers
Sortirent en priant les paysans guerriers :
Ainsi, se relevant, l'infatigable Espagne
Fait sortir des héros du creux de la montagne.

Sur des rochers, non loin de ces antres sacrés,
Où Pélage appela les Goths désespérés,
D'où sort toujours la gloire, et qui gardent encore,
Hélas! les os français mêlés à ceux du More,
Au-dessus de la nue, au-dessus des torrents,
Viennent de s'assembler les montagnards errants.
La pourpre du réseau dont leur front s'environne
Forme autour des cheveux une mâle couronne,

Et la corde légère, avec des nœuds puissants,
S'est tressée en sandale à leurs pieds bondissants.
Le silence est profond dans la foule attentive ;
Car la hache pesante, avec la flamme active,
D'un chêne que cent ans n'ont pas su protéger
Ont fait pour leur prière un autel passager.

———

Là ce chef dont le nom sème au loin l'épouvante
Dépose devant Dieu son oraison fervente;
Triomphateur sans pompe, il va d'une humble voix
Chanter le Te Deum sous le dôme des bois.
Est-ce un guerrier farouche? est-ce un pieux apôtre?
Sous la robe de l'un il a les traits de l'autre :
Il est prêtre, et, pourtant, promptement irrité,
Il est soldat aussi, mais plein d'austérité;
Son front est triste et pâle, et son œil intrépide;
Son bras frappe et bénit, son langage est rapide;
Il passe dans la foule et ne s'y mêle pas;
Un pain noir et grossier compose ses repas;
Il parle, on obéit; on tremble s'il commande,
Et nul sur son destin ne tente une demande.
Le Trappiste est son nom : ce terrible inconnu,
Sorti jadis du monde, au monde est revenu;
Car, soulevant l'oubli dont ces couvents funèbres
A leurs moines muets imposent les ténèbres,

Il reparut au jour, dans une main la croix,
Dans l'autre, secouant, au nom des anciens rois,
Ce fouet dont Jésus-Christ, de son bras pacifique,
Du haut des longs degrés du temple magnifique,
Renversa les vendeurs qui souillaient le saint mur,
Dans les débris épars de leur trafic impur.
Soit que la main de Dieu le couvre ou se retire,
Le condamne à la gloire où l'élève au martyre,
S'il vit, il reviendra sans plainte et sans orgueil,
D'un bras sanglant encore achever son cercueil,
Et, reprendre, courbé, l'agriculture austère
Dont il s'est trop longtemps reposé dans la guerre.
Tel un mort, évoqué par de magiques voix,
Envoyé du sépulcre, apparaît pour les rois,
Marche, prédit, menace, et retourne à sa tombe,
Dont la pierre éternelle en gémissant retombe.

———

Parmi les montagnards, ces robustes bergers,
Aventuriers hardis, chasseurs aux pieds légers,
Qui rangent sous sa loi leur troupe volontaire,
Nul n'a voulu savoir ce qu'il a voulu taire.
Dieu l'inspire et l'envoie, il le dit : c'est assez,
Pourvu que leurs combats leur soient toujours laissés.
Joyeux, ils voyaient donc, sanctifiant leur gloire,
Ce prêtre offrir à Dieu leur première victoire.

Pour lui, couvert de l'aube et de l'étole orné,
Devant l'autel agreste il s'était retourné.
Déjà, soldat du Christ près d'entrer dans la lice,
Il remplissait son cœur des baumes du calice.
Mais des soupirs, des bruits s'élèvent; un grand cri
L'interrompt; il s'étonne, et, lui-même attendri,
Voit un jeune inconnu, dont la tête est sanglante,
Traînant jusqu'à l'autel sa marche faible et lente,
Montrant un fer brisé qui soutenait sa main.
Qui défendit sa fuite et fraya son chemin
C'est un de ces guerriers dont la constante veille
Fait qu'en ses palais d'or la royauté sommeille.
Il tombe! mais il parle, et sa tremblante voix
S'efforce à ce discours entrecoupé trois fois :
« Pour qui donc cet autel au milieu des ténèbres?
N'y chantez pas, ou bien dites des chants funèbres.
Quel Espagnol ne sait les hymnes du trépas?
Les nouveaux noms des morts ne vous manqueront pas :
J'apporte sur vos monts de sanglantes nouvelles.
— Quoi! le roi n'est-il plus? disaient les voix fidèles.
— Pleurez! — Il est donc mort? — Pleurez, il est vivant! »
Et le jeune martyr, sur un bras se levant,
Tel qu'un gladiateur dont la paupière errante
Cherche le sol qui tourne, et fuit sa main mourante :
« Nos combats sont finis, dit-il, en un seul jour;
Nos taureaux ont quitté le cirque, et sans retour,
Puisque le spectateur à qui s'offrait la lutte
N'a pas daigné lui-même applaudir à leur chute.

Pour vous, si vous savez les secrets du devoir,
Partez, je vais mourir avant de les savoir.
Mais, si vous rencontrez, non loin de ces montagnes,
Des soldats qui vont vite à travers les campagnes,
Qui portent sous leurs bras des fusils renversés,
Et passent en silence et leur fronts abaissés,
Ne les engagez pas à cesser leur retraite :
Ils vous refuseraient en secouant la tête ;
Car ils ont tous besoin, mon père, ainsi que moi,
De retremper leur âme aux sources de la foi.
Nul ne sait s'il succombe ou fidèle ou parjure,
Et si le dévoûment ne fut pas une injure.
Vous, habitant sacré du mont silencieux,
Instruit des saintes morts que préfèrent les Cieux,
Jugez-nous et parlez... Vous savez quelle proie
Le peuple osa vouloir dans sa féroce joie?
Vous le savez, un roi ne porte pas des fers
Sans que leur bruit s'entende au bout de l'univers.
Nous qui pensions encore, avant l'heure où nous sommes,
Qu'un serment prononcé devait lier les hommes,
Partant avec le jour, qui se levait sur nous
Brillant, mais dont le soir n'est pas venu pour tous,
Au palais, dont le peuple envahissait les portes,
En silence, à grands pas, marchaient nos trois cohortes :
Quand le balcon royal à nos yeux vint s'offrir,
Nous l'avons salué, car nous venions mourir.
Mais, comme à notre voix il n'y paraît personne,
Aux cris des révoltés, à leur tocsin qui sonne,

A leur joie insultante, à leur nombre croissant,
Nous croyons le roi mort parce qu'il est absent ;
Et, gémissant alors sur de fausses alarmes,
Accusant nos retards, nous répandions des larmes.
Mais un bruit les arrête, et, passé dans nos rangs,
Fait presque de leur mort repentir nos mourants.
Nous n'osons plus frapper, de peur qu'un plomb fidèle
N'aille blesser le roi dans la foule rebelle.
Déjà, le fer levé, s'avancent ses amis,
Par nos bourreaux sanglants à nous tuer admis.
Nous recevons leurs coups longtemps avant d'y croire,
Et notre étonnement nous ôte la victoire.
En retirant vers vous nos rangs irrésolus,
Nous combattions toujours, mais nous ne pleurions plus. »

Il se tut. Il régna, de montagne en montagne,
Un bruit sourd qui semblait un soupir de l'Espagne.
Le Trappiste incliné mit sa main sur ses yeux.
On ne sait s'il pleura ; car, tranquille et pieux,
Levant son front creusé par les rides antiques,
Sa voix grave apaisa les bataillons rustiques :
Comme au vent du midi la neige au loin se fond,
La rumeur s'éteignit dans un calme profond.
La lune alors plus belle écartait un nuage,
Et du moins héroïque éclairait le visage ;

Troublé sur ses sommets et dans sa profondeur,
Le mont de tous ses bruits déployait la grandeur ;
Aux mots entrecoupés du vainqueur catholique,
Se mêlait d'un torrent la voix mélancolique,
Le froissement léger des mélèzes touffus,
D'un combat éloigné les coups longs et confus,
Et des loups affamés les hurlements funèbres,
Et le cri des vautours volant dans les ténèbres.

« Frères, il faut mourir ; qu'importe le moment ?
Et si de notre mort le fatal instrument
Est cette main des rois qui, jadis salutaire,
Touchait pour les guérir les peuples de la terre ;
Quand même, nous brisant sous notre propre effort,
L'arche que nous portons nous donnerait la mort ;
Quand même par nous seuls la couronne sauvée
Écraserait un jour ceux qui l'ont relevée,
Seriez-vous étonnés, et vos fidèles bras
Seraient-ils moins ardents à servir les ingrats ?
Vous seriez-vous flattés qu'on trouvât sur la terre
La palme réservée au martyr volontaire ?
Hommes toujours déçus, j'en appelle à vous tous ;
Interrogez vos cœurs, voyez autour de vous ;
Rappelez vos liens, vos premières années,
Et d'un juste coup d'œil sondez vos destinées.

Amis, frères, amants, qui vous a donc appris
Qu'un dévoûment jamais dût recevoir son prix?
Beaucoup semaient le bien d'une main vigilante,
Qui n'ont pu récolter qu'une moisson sanglante.
Si la couche est trompeuse et le foyer pervers,
Qu'avez-vous attendu des rois de l'univers?
O faiblesse mortelle, ô misère des hommes!
Plaignons notre nature et le siècle où nous sommes :
Gémissons en secret sur les fronts couronnés;
Mais servons-les pour Dieu qui nous les a donnés.
Notre cause est sacrée, et dans les cœurs subsiste.
En vain les rois s'en vont : la royauté résiste,
Son principe est en haut, en haut est son appui;
Car tout vient du Seigneur, et tout retourne à lui.
Dieu seul est juste, enfants; sans lui tout est mensonge,
Sans lui le mourant dit : « La vertu n'est qu'un songe. »
Nous allons le prier, et pour le prince absent,
Et pour tous les martyrs dont coule encor le sang.
Je donne cette nuit à vos dernières larmes :
Demain, nous chercherons, à la pointe des armes,
Pour le roi la couronne, et des tombeaux pour nous. »

Amen! dit l'assemblée en tombant à genoux.

En 1822, à Courbevoie.

LA FRÉGATE LA SÉRIEUSE

ou

LA PLAINTE DU CAPITAINE

POEME

I

Qu'elle était belle, ma frégate,
Lorsqu'elle voguait dans le vent !
Elle avait, au soleil levant,
Toutes les couleurs de l'agate ;
Ses voiles luisaient le matin
Comme des ballons de satin ;
Sa quille mince, longue et plate,
Portait deux bandes d'écarlate
Sur vingt-quatre canons cachés ;
Ses mâts, en arrière penchés,
Paraissaient à demi-couchés.

Dix fois plus vive qu'un pirate,
En cent jours du Havre à Surate
Elle nous emporta souvent.
— Qu'elle était belle, ma frégate,
Lorsqu'elle voguait dans le vent !

II

BREST vante son beau port et cette rade insigne
Où peuvent manœuvrer trois cents vaisseaux de ligne ;
BOULOGNE, sa cité haute et double, et CALAIS,
Sa citadelle assise en mer comme un palais ;
DIEPPE a son vieux château soutenu par la dune,
Ses baigneuses cherchant la vague au clair de lune,
Et ses deux monts en vain par la mer insultés ;
CHERBOURG a ses fanaux de bien loin consultés,
Et gronde en menaçant Guernsey la sentinelle
Debout près de Jersey, presque en France ainsi qu'elle.
LORIENT, dans sa rade au mouillage inégal,
Reçoit la poudre d'or des noirs du Sénégal ;
SAINT-MALO dans son port tranquillement regarde
Mille rochers debout qui lui servent de garde ;
LE HAVRE a pour parure ensemble et pour appui
Notre-Dame-de-Grâce et HONFLEUR devant lui ;
BORDEAUX, de ses longs quais parés de maisons neuves,
Porte jusqu'à la mer ses vins sur deux grands fleuves ;

Toute ville à MARSEILLE aurait droit d'envier
Sa ceinture de fruits, d'orange et d'olivier;
D'or et de fer BAYONNE en tout temps fut prodigue,
Du grand cardinal-duc LA ROCHELLE a la digue;
Tous nos ports ont leur gloire ou leur luxe à nommer;
Mais TOULON a lancé LA SÉRIEUSE en mer.

LA TRAVERSÉE

III

Quand la belle SÉRIEUSE
Pour l'Égypte appareilla,
Sa figure gracieuse
Avant le jour s'éveilla;
A la lueur des étoiles
Elle déploya ses voiles,
Leurs cordages et leurs toiles,
Comme de larges réseaux,
Avec ce long bruit qui tremble,
Qui se prolonge et ressemble
Au bruit des ailes qu'ensemble
Ouvre une troupe d'oiseaux.

IV

Dès que l'ancre dégagée,
Revient par son câble à bord,
La proue alors est changée,
Selon l'aiguille et le nord.
LA SÉRIEUSE l'observe,
Elle passe la Réserve,
Et puis marche de conserve
Avec le grand ORIENT :
Sa voilure toute blanche
Comme un sein gonflé se penche ;
Chaque mât, comme une branche,
Touche la vague en pliant

V

Avec sa démarche leste,
Elle glisse et prend le vent,
Laisse à l'arrière L'ALCESTE,
Et marche seule à l'avant.
Par son pavillon conduite,
L'escadre n'est à sa suite

Que lorsqu'arrêtant sa fuite,
Elle veut l'attendre enfin :
Mais, de bons marins pourvue,
Aussitôt qu'elle est en vue,
Par sa manœuvre imprévue,
Elle part comme un dauphin.

VI

Comme un dauphin elle saute,
Elle plonge comme lui
Dans la mer profonde et haute,
Où le feu Saint-Elme a lui.
Le feu serpente avec grâce ;
Du gouvernail qu'il embrasse
Il marque longtemps la trace,
Et l'on dirait un éclair
Qui, n'ayant pu nous atteindre,
Dans les vagues va s'éteindre,
Mais ne cesse de les teindre
Du prisme enflammé de l'air.

VII

Ainsi qu'une forêt sombre
La flotte venait après,
Et de loin s'étendait l'ombre
De ses immenses agrès.
En voyant LE SPARTIATE,
LE FRANKLIN et sa frégate,
Le bleu, le blanc, l'écarlate,
De cent mâts nationaux,
L'armée, en convoi, remise
Comme en garde à L'ARTÉMISE,
Nous nous dîmes : « C'est Venise
Qui s'avance sur les eaux. »

VIII

Quel plaisir d'aller si vite,
Et de voir son pavillon,
Loin des terres qu'il évite
Tracer un noble sillon !
Au large on voit mieux le monde,
Et sa tête énorme et ronde
Qui se balance et qui gronde

Comme éprouvant un affront,
Parce que l'homme se joue
De sa force, et que la proue,
Ainsi qu'une lourde roue,
Fend sa route sur son front.

IX

Quel plaisir ! et quel spectacle
Que l'élément triste et froid
Ouvert ainsi sans obstacle
Par un bois de chêne étroit !
Sur la plaine humide et sombre,
La nuit reluisaient dans l'ombre
Des insectes en grand nombre,
De merveilleux vermisseaux
Troupe brillante et frivole,
Comme un feu follet qui vole,
Ornant chaque banderole
Et chaque mât des vaisseaux.

X

Et surtout LA Sérieuse,
Était belle nuit et jour;
La mer, douce et curieuse,
La portait avec amour,
Comme un vieux lion abaisse
Sa longue crinière épaisse,
Et, sans l'agiter, y laisse
Se jouer le lionceau;
Comme sur sa tête agile
Une femme tient l'argile,
Ou le jonc souple et fragile
D'un mystérieux berceau.

XI

Moi, de sa poupe hautaine
Je ne m'absentais jamais,
Car, étant son capitaine,
Comme un enfant je l'aimais :
J'aurais moins aimé peut-être
L'enfant que j'aurais vu naître;
De son cœur on n'est pas maître.

Moi, je suis un vrai marin;
Ma naissance est un mystère;
Sans famille, et solitaire,
Je ne connais pas la terre,
Et la vois avec chagrin.

XII

Mon banc de quart est mon trône,
J'y règne plus que les rois;
Sainte Barbe est ma patronne;
Mon sceptre est mon porte-voix;
Ma couronne est ma cocarde;
Mes officiers sont ma garde;
A tous les vents je hasarde
Mon peuple de matelots,
Sans que personne demande
A quel bord je veux qu'il tende,
Et pourquoi je lui commande
D'être plus fort que les flots.

XIII

Voilà toute la famille
Qu'en mon temps il me fallait;
Ma frégate était ma fille.
« Va! lui disais-je. » Elle allait,
S'élançait dans la carrière,
Laissant l'écueil en arrière,
Comme un cheval sa barrière;
Et l'on m'a dit qu'une fois
(Quand je pris terre en Sicile)
Sa marche fut moins facile,
Elle parut indocile
Aux ordres d'une autre voix.

XIV

On l'aurait crue animée!
Toute l'Égypte la prit,
Si blanche et si bien formée,
Pour un gracieux Esprit
Des Français compatriote,
Lorsqu'en avant de la flotte,
Dont elle était le pilote,

Doublant une vieille tour [1],
Elle entra, sans avarie,
Aux cris : « Vive la patrie! »
Dans le port d'Alexandrie,
Qu'on appelle Abou-Mandour.

LE REPOS

XV

Une fois, par malheur, si vous avez pris terre,
Peut-être qu'un de vous, sur un lac solitaire,
Aura vu, comme moi, quelque cygne endormi,
Qui se laissait au vent balancer à demi.
Sa tête nonchalante, en arrière appuyée,
Se cache dans la plume au soleil essuyée :
Son poitrail est lavé par le flot transparent,
Comme un écueil où l'eau se joue en expirant;
Le duvet qu'en passant l'air dérobe à sa plume
Autour de lui s'envole et se mêle à l'écume;
Une aile est son coussin, l'autre est son éventail;
Il dort, et de son pied le large gouvernail

1. La tour des Arabes, près d'Alexandrie.

Trouble encore, en ramant, l'eau tournoyante et douce,
Tandis que sur ses flancs se forme un lit de mousse,
De feuilles et de joncs, et d'herbages errants
Qu'apportent près de lui d'invisibles courants.

LE COMBAT

XVI

Ainsi près d'Aboukir reposait ma frégate ;
A l'ancre dans la rade, en avant des vaisseaux,
On voyait de bien loin son corset d'écarlate
  Se mirer dans les eaux.

Ses canots l'entouraient, à leur place assignée.
Pas une voile ouverte, on était sans dangers.
Ses cordages semblaient des filets d'araignée,
  Tant ils étaient légers.

Nous étions tous marins. Plus de soldats timides
Qui chancellent à bord ainsi que des enfants ;
Ils marchaient sur leur sol, prenant des Pyramides,
  Montant des éléphants.

Il faisait beau. — La mer, de sable environnée,
Brillait comme un bassin d'argent entouré d'or;
Un vaste soleil rouge annonça la journée
    Du quinze thermidor.

La Sérieuse alors s'ébranla sur sa quille :
Quand venait un combat, c'était toujours ainsi;
Je le reconnus bien, et je lui dis : « Ma fille,
    Je te comprends, merci. »

J'avais une lunette exercée aux étoiles;
Je la pris, et la tins ferme sur l'horizon.
— Une, deux, trois — je vis treize et quatorze voiles :
    Enfin, c'était Nelson.

Il courait contre nous en avant de la brise;
La Sérieuse à l'ancre, immobile s'offrant,
Reçut le rude abord sans en être surprise,
    Comme un roc un torrent.

Tous passèrent près d'elle en lâchant leur bordée;
Fière, elle répondit aussi quatorze fois,
Et par tous les vaisseaux elle fut débordée,
    Mais il en resta trois.

Trois vaisseaux de haut bord — combattre une frégate !
Est-ce l'art d'un marin ? le trait d'un amiral ?
Un écumeur de mer, un forban, un pirate,
    N'eût pas agi si mal !

N'importe ! elle bondit, dans son repos troublée,
Elle tourna trois fois jetant vingt-quatre éclairs,
Et rendit tous les coups dont elle était criblée,
    Feux pour feux, fers pour fers.

Ses boulets enchaînés fauchaient des mâts énormes,
Faisaient voler le sang, la poudre et le goudron,
S'enfonçaient dans le bois, comme au cœur des grands ormes
    Le coin du bûcheron.

Un brouillard de fumée où la flamme étincelle
L'entourait ; mais, le corps brûlé, noir, écharpé,
Elle tournait, roulait, et se tordait sous elle,
    Comme un serpent coupé.

Le soleil s'éclipsa dans l'air plein de bitume.
Ce jour entier passa dans le feu, dans le bruit ;
Et, lorsque la nuit vint, sous cette ardente brume
    On ne vit pas la nuit.

Nous étions enfermés comme dans un orage :
Des deux flottes au loin le canon s'y mêlait ;
On tirait en aveugle à travers le nuage :
    Toute la mer brûlait.

Mais, quand le jour revint, chacun connut son œuvre.
Les trois vaisseaux flottaient démâtés, et si las,
Qu'ils n'avaient plus de force assez pour la manœuvre ;
    Mais ma frégate, hélas !

Elle ne voulait plus obéir à son maître ;
Mutilée, impuissante, elle allait au hasard ;
Sans gouvernail, sans mât, on n'eût pu reconnaître
    La merveille de l'art !

Engloutie à demi, son large pont à peine,
S'affaissant par degrés, se montrait sur les flots ;
Et là ne restaient plus, avec moi capitaine,
    Que douze matelots.

Je les fis mettre en mer à bord d'une chaloupe,
Hors de notre eau tournante et de son tourbillon ;
Et je revins tout seul me coucher sur la poupe
    Au pied du pavillon.

J'aperçus des Anglais les figures livides,
Faisant pour s'approcher un inutile effort
Sur leurs vaisseaux flottants comme des tonneaux vides,
    Vaincus par notre mort.

La Sérieuse alors semblait à l'agonie,
L'eau dans ses cavités bouillonnait sourdement ;
Elle, comme voyant sa carrière finie,
    Gémit profondément.

Je me sentis pleurer, et ce fut un prodige,
Un mouvement honteux ; mais bientôt l'étouffant :
« Nous nous sommes conduits comme il fallait, lui dis-je ;
    Adieu donc, mon enfant ! »

Elle plonge d'abord sa poupe et puis sa proue ;
Mon pavillon noyé se montrait en dessous ;
Puis elle s'enfonça, tournant comme une roue,
    Et la mer vint sur nous.

XVII

Hélas! deux mousses d'Angleterre
Me sauvèrent alors, dit-on,
Et me voici sur un ponton ; —
J'aimerais presque autant la terre !
Cependant je respire ici
L'odeur de la vague et des brises.
Vous êtes marins, Dieu merci !
Nous causons de combats, de prises;
Nous fumons, et nous prenons l'air
Qui vient aux sabords de la mer,
Votre voix m'anime et me flatte,
Aussi je vous dirai souvent :
« Qu'elle était belle ma frégate,
Lorsqu'elle voguait dans le vent ! »

Dieppe 1828.

LES AMANTS
DE MONTMORENCY

ÉLÉVATION

—

I

Étaient-ils malheureux? Esprits qui le savez !
Dans les trois derniers jours qu'ils s'étaient réservés,
Vous les vîtes partir tous deux, l'un jeune et grave,
L'autre joyeuse et jeune. Insouciante esclave,
Suspendue au bras droit de son rêveur amant,
Comme à l'autel un vase attaché mollement,
Balancée en marchant sur sa flexible épaule
Comme la harpe juive à la branche du saule ;
Riant, les yeux en l'air, et la main dans sa main,
Elle allait en comptant les arbres du chemin,
Pour cueillir une fleur demeurait en arrière,
Puis revenait à lui, courant dans la poussière,

L'arrêtait par l'habit pour l'embrasser, posait
Un œillet sur sa tête, et chantait, et jasait
Sur les passants nombreux, sur la riche vallée
Comme un large tapis à ses pieds étalée;
Beau tapis de velours chatoyant et changeant,
Semé de clochers d'or et de maisons d'argent,
Tout pareils aux jouets qu'aux enfants on achète
Et qu'au hasard pour eux par la chambre l'on jette.
Ainsi, pour lui complaire, on avait sous ses pieds
Répandu des bijoux brillants, multipliés,
En forme de troupeaux, de village aux toits roses
Ou bleus, d'arbres rangés, de fleurs sous l'onde écloses,
De murs blancs, de bosquets bien noirs, de lacs bien verts,
Et de chênes tordus par la poitrine ouverts;
Elle voyait ainsi tout préparé pour elle :
Enfant, elle jouait, en marchant, toute belle,
Toute blonde, amoureuse et fière; et c'est ainsi
Qu'ils allèrent à pied jusqu'à Montmorency.

II

Ils passèrent deux jours d'amour et d'harmonie,
De chants et de baisers, de voix, de lèvre unie,
De regards confondus, de soupirs bienheureux,
Qui furent deux moments et deux siècles pour eux.
La nuit, on entendait leurs chants; dans la journée,
Leur sommeil, tant leur âme était abandonnée

Aux caprices divins du désir! Leurs repas
Étaient rares, distraits; ils ne les voyaient pas.
Ils allaient, ils allaient au hasard et sans heures,
Passant des champs aux bois, et des bois aux demeures,
Se regardant toujours, laissant les airs chantés
Mourir, et tout à coup restaient comme enchantés.
L'extase avait fini par éblouir leur âme,
Comme seraient nos yeux éblouis par la flamme.
Troublés, ils chancelaient, et, le troisième soir,
Ils étaient enivrés jusques à ne rien voir
Que les feux mutuels de leurs yeux. La nature
Étalait vainement sa confuse peinture
Autour du front aimé, derrière les cheveux
Que leurs yeux noirs voyaient tracés dans leurs yeux bleus.
Ils tombèrent assis sous des arbres peut-être...
Ils ne le savaient pas. Le soleil allait naître
Ou s'éteindre... Ils voyaient seulement que le jour
Était pâle, et l'air doux, et le monde en amour...
Un bourdonnement faible emplissait leur oreille
D'une musique vague au bruit des mers pareille,
Et formant des propos tendres, légers, confus,
Que tous deux entendaient, et qu'on n'entendra plus.
Le vent léger disait de sa voix la plus douce :
« Quand l'amour m'a troublé, je gémis sous la mousse. »
Les mélèzes touffus s'agitaient en disant :
« Secouons dans les airs le parfum séduisant
Du soir, car le parfum est le secret langage
Que l'amour enflammé fait sortir du feuillage. »

11.

Le soleil incliné sur les monts dit encor :
« Par mes flots de lumière et par mes gerbes d'or,
Je réponds en élans aux élans de votre âme ;
Pour exprimer l'amour mon langage est la flamme. »
Et les fleurs exhalaient de suaves odeurs,
Autant que les rayons de suaves ardeurs ;
Et l'on eût dit des voix timides et flûtées
Qui sortaient à la fois des feuilles veloutées ;
Et, comme un seul accord d'accents harmonieux,
Tout semblait s'élever en chœur jusques aux cieux ;
Et ces voix s'éloignaient, en rasant les campagnes,
Dans les enfoncements magiques des montagnes ;
Et la terre sous eux palpitait mollement,
Comme le flot des mers ou le cœur d'un amant ;
Et tout ce qui vivait, par un hymne suprême,
Accompagnait leurs voix qui se disaient : « Je t'aime ! »

III

Or, c'était pour mourir qu'ils étaient venus là.
Lequel des deux enfants le premier en parla ?
Comment dans leurs baisers vint la mort ? Quelle balle
Traversa les deux cœurs d'une atteinte inégale
Mais sûre ? Quels adieux leurs lèvres s'unissant
Laissèrent s'écouler avec l'âme et le sang ?

Qui le saurait? Heureux celui dont l'agonie
Fut dans les bras chéris avant l'autre finie!
Heureux si nul des deux ne s'est plaint de souffrir !
Si nul des deux n'a dit : *Qu'on a peine à mourir !*
Si nul des deux n'a fait, pour se lever et vivre,
Quelque effort en fuyant celui qu'il devait suivre ;
Et, reniant sa mort, par le mal égaré,
N'a repoussé du bras l'homicide adoré?
Heureux l'homme surtout s'il a rendu son âme,
Sans avoir entendu ces angoisses de femme,
Ces longs pleurs, ces sanglots, ces cris perçants et doux
Qu'on apaise en ses bras ou sur ses deux genoux,
Pour un chagrin ; mais qui, si la mort les arrache,
Font que l'on tord ses bras, qu'on blasphème, qu'on cache
Dans ses mains son front pâle et son cœur plein de fiel,
Et qu'on se prend du sang pour le jeter au ciel. —
Mais qui saura leur fin? —

     Sur les pauvres murailles
D'une auberge où depuis l'on fit leurs funérailles,
Auberge où pour une heure ils vinrent se poser,
Ployant l'aile à l'abri pour toujours reposer,
Sur un vieux papier jaune, ordinaire tenture,
Nous avons lu des vers d'une double écriture,
Des vers de fou, sans rime et sans mesure. — Un mot
Qui n'avait pas de suite était tout seul en haut ;
Demande sans réponse, énigme inextricable,
Question sur la mort. — Trois noms sur une table,

Profondément gravés au couteau. — C'était d'eux
Tout ce qui demeurait... et le récit joyeux
D'une fille au bras rouge. « Ils n'avaient, disait-elle,
Rien oublié. » La bonne eut quelque bagatelle
Qu'elle montre en suivant leurs traces, pas à pas.
— Et Dieu? — Tel est le siècle ! il n'y pensèrent pas.

Écrit à Montmorency, 27 avril 1830.

PARIS

ÉLÉVATION

—

« Prends ma main, voyageur, et montons sur la tour.
Regarde tout en bas, et regarde à l'entour.
Regarde jusqu'au bout de l'horizon, regarde
Du nord au sud. Partout où ton œil se hasarde,
Qu'il s'attache avec feu, comme l'œil du serpent
Qui pompe du regard ce qu'il suit en rampant,
Tourne sur le donjon qu'un parapet prolonge,
D'où la vue à loisir sur tous les points se plonge
Et règne, du zénith, sur un monde mouvant,
Comme l'éclair, l'oiseau, le nuage et le vent.

Que vois-tu dans la nuit, à nos pieds, dans l'espace,
Et partout où mon doigt tourne, passe et repasse ?
— Je vois un cercle noir si large et si profond,
Que je n'en aperçois ni le bout ni le fond.
Des collines, au loin, me semblent sa ceinture,
Et pourtant je ne vois nulle part la nature,
Mais partout la main d'homme et l'angle que sa main
Impose à la matière en tout travail humain.
Je vois ces angles noirs et luisants qui, dans l'ombre,
L'un sur l'autre entassés, et sans ordre et sans nombre,
Coupent des murs blanchis pareils à des tombeaux.
Je vois fumer, brûler, éclater des flambeaux,
Brillant sur cet abîme où l'air pénètre à peine
Comme des diamants incrustés dans l'ébène.
Un fleuve y dort sans bruit, replié dans son cours,
Comme dans un buisson la couleuvre aux cent tours.
Des ombres de palais, de dômes et d'aiguilles,
De tours et de donjons, de clochers, de bastilles,
De châteaux forts, de kiosks et d'aigus minarets ;
De formes de remparts, de jardins, de forêts,
De spirales, d'arceaux, de parcs, de colonnades,
D'obélisques, de ponts, de portes et d'arcades,
Tout fourmille et grandit, se cramponne en montant,
Se courbe, se replie, ou se creuse ou s'étend.
Dans un brouillard de feu, je crois voir ce grand rêve.
La tour où nous voilà dans le cercle s'élève.
En le traçant jadis, c'est ici, n'est-ce pas,
Que Dieu même a posé le centre du compas ?

Le vertige m'enivre, et sur mes yeux il pèse.
Vois-je une roue ardente, ou bien une fournaise ? »

« Oui, c'est bien une roue; et c'est la main de Dieu
Qui tient et fait mouvoir son invisible essieu.
Vers le but inconnu sans cesse elle s'avance.
On la nomme Paris, le pivot de la France.
Quand la vivante roue hésite dans ses tours,
Tout hésite et s'étonne, et recule en son cours ;
Les rayons effrayés disent au cercle : « Arrête. »
Il le dit à son tour aux cercles dont la crête
S'enchâsse dans la sienne et tourne sous sa loi.
L'un le redit à l'autre; et l'impassible roi,
Paris, l'axe immortel, Paris, l'axe du monde,
Puise ses mouvements dans sa vigueur profonde,
Les communique à tous, les imprime à chacun,
Les impose de force, et n'en reçoit aucun.
Il se meut : tout s'ébranle, et tournoie et circule;
Le cœur du ressort bat, et pousse la bascule ;
L'aiguille tremble et court à grands pas; le levier
Monte et baisse en sa ligne, et n'ose dévier.
Tous marchent leur chemin, et chacun d'eux écoute
Le pas régulateur qui leur creuse la route.
Il leur faut écouter et suivre; il le faut bien :
Car, lorsqu'il arriva, dans un temps plus ancien,

Qu'un rouage isola son mouvement diurne,
Dans le bruit du travail demeura taciturne,
Et, brisa, par orgueil, sa chaîne et son ressort,
Comme un bras que l'on coupe, il fut frappé de mort.
Car Paris l'éternel de leurs efforts se joue,
Et le moyeu divin tournerait sans la roue ;
Quand même tout voudrait revenir sur ses pas,
Seul il irait ; lui seul ne s'arrêterait pas,
Et tu verrais la force et l'union ravie
Aux rayons qui partaient de son centre de vie.
C'est donc bien, voyageur, une roue en effet.
Le vertige parfois est prophétique. Il fait
Qu'une fournaise ardente éblouit ta paupière ?
C'est la fournaise aussi que tu vois. — Sa lumière
Teint de rouge les bords du ciel noir et profond ;
C'est un feu sous un dôme obscur, large et sans fond.
Là, dans les nuits d'hiver et d'été, quand les heures
Font du bruit en sonnant sur le toit des demeures,
Parce que l'homme y dort, là veillent des Esprits,
Grands ouvriers d'une œuvre et sans nom et sans prix.
La nuit, leur lampe brûle, et, le jour, elle fume ;
Le jour, elle a fumé ; le soir, elle s'allume,
Et toujours et sans cesse alimente les feux
De la fournaise d'or que nous voyons tous deux,
Et qui, se reflétant sur la sainte coupole,
Est du globe endormi la céleste auréole.
Chacun d'eux courbe un front pâle, il prie, il écrit,
Il désespère, il pleure, il espère, il sourit ;

Il arrache son sein et ses cheveux, s'enfonce
Dans l'énigme sans fin dont Dieu sait la réponse,
Et dont l'humanité, demandant son décret,
Tous les mille ans rejette et cherche le secret.
Chacun d'eux pousse un cri d'amour vers une idée.
L'un [1] soutient en pleurant la croix dépossédée,
S'assied près d'un sépulcre et seul, comme un banni,
Il se frappe en disant : *Lamma Sabacthani;*
Dans son sang, dans ses pleurs, il baigne, il noie, il plonge
La couronne d'épine et la lance et l'éponge,
Baise le corps du Christ, le soulève, et lui dit :
« Reparais, Roi des Juifs, ainsi qu'il est prédit;
Viens, ressuscite encore aux yeux du seul apôtre.
L'Église meurt : renais dans sa cendre et la nôtre,
Règne, et sur les débris des schismes expiés,
Renverse tes gardiens des lueurs de tes pieds. »
Rien. Le corps du Dieu ploie aux mains du dernier homme,
Prêtre pauvre et puissant pour Rome et malgré Rome.
Le cadavre adoré, de ses clous immortels
Ne laisse plus tomber de sang pour ses autels;
Rien. Il n'ouvrira pas son oreille endormie
Aux lamentations du nouveau Jérémie,
Et le laissera seul, mais d'une habile main,
Retremper la tiare en l'alliage humain.
« Liberté [2] ! » crie un autre, et soudain la tristesse
Comme un taureau le tue aux pieds de sa déesse,

---

1. M. l'abbé de Lamennais.
2. Benjamin Constant.

Parce qu'ayant en vain quarante ans combattu,
Il ne peut rien construire où tout est abattu.
N'importe! Autour de lui des travailleurs sans nombre,
Aveugles, inquiets, cherchent à travers l'ombre
Je ne sais quels chemins qu'ils ne connaissent pas,
Réglant et mesurant, sans règle et sans compas,
L'un sur l'autre semant des arbres sans racines,
Et mettant au hasard l'ordre dans les ruines.
Et, comme il est écrit que chacun porte en soi
Ce mal qui le tuera, regarde en bas, et voi.
Derrière eux s'est groupée une famille forte [1].
Qui les ronge et du pied pile leur œuvre morte,
Écrase les débris qu'a faits la Liberté,
Y roule le niveau qu'on nomme Égalité,
Et veut les mettre en cendre, afin que pour sa tête
L'homme n'ait d'autre abri que celui qu'elle apprête :
Et c'est un temple ; un temple immense, universel,
Où l'homme n'offrira ni l'encens, ni le sel,
Ni le sang, ni le pain, ni le vin, ni l'hostie ;
Mais son temps et sa vie en œuvre convertie ;
Mais son amour de tous, son abnégation
De lui, de l'héritage et de la nation.
Seul, sans père et sans fils, soumis à la parole,
L'union est son but et le travail son rôle,
Et, selon celui-là qui parle après Jésus,
Tous seront appelés et tous seront élus.

1. L'école saint-simonienne.

Ainsi tout est osé ! Tu vois, pas de statue
D'homme, de roi, de Dieu, qui ne soit abattue,
Mutilée à la pierre et rayée au couteau,
Démembrée à la hache et broyée au marteau !
Or ou plomb, tout métal est plongé dans la braise,
Et jeté pour refondre en l'ardente fournaise.
Tout brûle, craque, fume et coule; tout cela
Se tord, s'unit, se fend, tombe là, sort de là;
Cela siffle et murmure ou gémit; cela crie,
Cela chante, cela sonne, se parle et prie;
Cela reluit, cela flambe et glisse dans l'air,
Éclate en pluie ardente ou serpente en éclair.
Œuvre, ouvriers, tout brûle; au feu tout se féconde :
Salamandres partout ! Enfer ! Éden du monde !
Paris ! principe et fin ! Paris ! ombre et flambeau !...
Je ne sais si c'est mal, tout cela ! mais c'est beau !
Mais c'est grand ! mais on sent jusqu'au fond de son âme
Qu'un monde tout nouveau se forge à cette flamme.
Ou soleil, ou comète, on sent bien qu'il sera;
Qu'il brûle ou qu'il éclaire, on sent qu'il tournera,
Qu'il surgira brillant à travers la fumée,
Qu'il vêtira pour tous quelque forme animée,
Symbolique, imprévue et pure, on ne sait quoi,
Qui sera pour chacun le signe d'une foi,
Couvrira, devant Dieu, la terre comme un voile,
Ou de son avenir sera comme l'étoile,
Et, dans des flots d'amour et d'union, enfin
Guidera la famille humaine vers sa fin;

Mais que peut-être aussi, brûlant, pareil au glaive
Dont le feu dessécha les pleurs dans les yeux d'Ève,
Il ira labourant le globe comme un champ,
Et semant la douleur du levant au couchant;
Rasant l'œuvre de l'homme et des temps comme l'herbe
Dont un vaste incendie emporte chaque gerbe,
En laissant le désert, qui suit son large cours
Comme un géant vainqueur, s'étendre pour toujours.
Peut-être que, partout où se verra sa flamme,
Dans tout corps s'éteindra le cœur, dans tout cœur l'âme,
Que rois et nations, se jetant à genoux,
Aux rochers ébranlés crieront : « Écrasez-nous !
» Car voilà que Paris encore nous envoie
» Une perdition qui brise notre voie ! »
Que fais-tu donc, Paris, dans ton ardent foyer?
Que jetteras-tu donc, dans ton moule d'acier?
Ton ouvrage est sans forme, et se pétrit encore
Sous la main ouvrière et le marteau sonore;
Il s'étend, se resserre, et s'engloutit souvent
Dans le jeu des ressorts et du travail savant.
Et voilà que déjà l'impatient esclave
Se meut dans la fournaise, et, sous les flots de lave,
Il nous montre une tête énorme, et des regards
Portant l'ombre et le jour dans leurs rayons hagards. »

Je cessai de parler, car, dans le grand silence,
Le sourd mugissement du centre de la France
Monta jusqu'à la tour où nous étions placés,
Apporté par le vent des nuages glacés.
— Comme l'illusion de la raison se joue !
Je crus sentir mes pieds tourner avec la roue,
Et le feu du brasier qui montait vers les cieux
M'éblouit tellement, que je fermai les yeux.

« Ah! dit le voyageur, la hauteur où nous sommes
De corps et d'âme est trop pour la force des hommes.
La tête a ses faux pas comme le pied les siens;
Vous m'avez soutenu, c'est moi qui vous soutiens,
Et je chancelle encor, n'osant plus sur la terre
Contempler votre ville et son double mystère.
Mais je crains bien pour elle et pour vous, car voilà
Quelque chose de noir, de lourd, de vaste, là,
Au plus haut point du ciel, où ne sauraient atteindre
Les feux dont l'horizon ne cesse de se teindre;
Et je crois entrevoir ce rocher ténébreux
Qu'annoncèrent jadis les prophètes hébreux.
Lorsqu'une meule énorme, ont-ils dit... — Il me semble
La voir. — ... *apparaîtra sur la cité...* — Je tremble
Que ce ne soit Paris. — ... *dont les enfants auront
Effacé Jésus-Christ du cœur comme du front...*

Vous l'avez fait. — ... *alors que la ville enivrée*
D'elle-même, aux plaisirs du sang sera livrée... —
Qu'en pensez-vous ? — ... *alors l'Ange la rayera*
Du monde, et le rocher du ciel l'écrasera. »

———

Je souris tristement. « Il se peut bien, lui dis-je,
Que cela nous arrive avec ou sans prodige ;
Le ciel est noir sur nous ; mais il faudrait alors
Qu'ailleurs, pour l'avenir, il fût d'autres trésors,
Et je n'en connais pas. Si la force divine
Est en ceux dont l'esprit sent, prévoit et devine,
Elle est ici. Le Ciel la révère. Et sur nous
L'ange exterminateur frapperait à genoux,
Et sa main, à la fois flamboyante et timide,
Tremblerait de commettre un second déicide.
Mais abaissons nos yeux, et n'allons pas chercher
Si ce que nous voyons est nuage ou rocher.
Descendons et quittons cette imposante cime
D'où l'esprit voit un rêve et le corps un abîme.
Je ne sais d'assurés, dans le chaos du sort,
Que deux points seulement, LA SOUFFRANCE et LA MORT.
Tous les hommes y vont avec toutes les villes.
Mais les cendres, je crois, ne sont jamais stériles.
Si celles de Paris un jour sur ton chemin
Se trouvent, pèse-les, et prends-nous dans ta main,

Et, voyant à la place une rase campagne,
Dis : « Le volcan a fait éclater sa montagne! »
Pense au triple labeur que je t'ai révélé,
Et songe qu'au-dessus de ceux dont j'ai parlé
Il en fut de meilleurs et de plus purs encore,
Rares parmi tous ceux dont leur temps se décore,
Que la foule admirait et blâmait à moitié,
Des hommes pleins d'amour, de doute et de pitié,
Qui disaient : *Je ne sais*, des choses de la vie,
Dont le pouvoir ou l'or ne fut jamais l'envie,
Et qui, par dévouement, sans détourner les yeux,
Burent jusqu'à la lie un calice odieux...
Ensuite, voyageur, tu quitteras l'enceinte,
Tu jetteras au vent cette poussière éteinte ;
Puis, levant seul ta voix dans le désert sans bruit,
Tu crieras : *Pour longtemps le monde est dans la nuit!*

Écrit le 16 janvier 1834, à Paris.

ŒUVRES POSTHUMES

LES DESTINÉES

POEMES PHILOSOPHIQUES

LES DESTINÉES

Depuis le premier jour de la création,
Les pieds lourds et puissants de chaque Destinée
Pesaient sur chaque tête et sur toute action.

Chaque front se courbait et traçait sa journée,
Comme le front d'un bœuf creuse un sillon profond
Sans dépasser la pierre où sa ligne est bornée.

Ces froides déités liaient le joug de plomb
Sur le crâne et les yeux des hommes leurs esclaves,
Tous errants, sans étoile, en un désert sans-fond;

Levant avec effort leurs pieds chargés d'entraves,
Suivant le doigt d'airain dans le cercle fatal,
Le doigt des Volontés inflexibles et graves.

Tristes divinités du monde oriental,
Femmes au voile blanc, immuables statues,
Elles nous écrasaient de leur poids colossal.

Comme un vol de vautours sur le sol abattues,
Dans un ordre éternel, toujours en nombre égal
Aux têtes des mortels sur la terre épandues,

Elles avaient posé leur ongle sans pitié
Sur les cheveux dressés des races éperdues,
Traînant la femme en pleurs et l'homme humilié.

Un soir, il arriva que l'antique planète
Secoua sa poussière. — Il se fit un grand cri :
« Le Sauveur est venu, voici le jeune athlète,

» Il a le front sanglant et le côté meurtri,
Mais la Fatalité meurt au pied du Prophète,
La Croix monte et s'étend sur nous comme un abri ! »

Avant l'heure où, jadis, ces choses arrivèrent,
Tout homme était courbé, le front pâle et flétri ;
Quand ce cri fut jeté, tous ils se relevèrent.

Détachant les nœuds lourds du joug de plomb du Sort,
Toutes les nations à la fois s'écrièrent :
« O Seigneur! est-il vrai? le Destin est-il mort? »

Et l'on vit remonter vers le ciel, par volées,
Les filles du Destin, ouvrant avec effort
Leurs ongles qui pressaient nos races désolées;

Sous leur robe aux longs plis voilant leurs pieds d'airain,
Leur main inexorable et leur face inflexible;
Montant avec lenteur en innombrable essaim,

D'un vol inaperçu, sans ailes, insensible,
Comme apparaît, au soir, vers l'horizon lointain,
D'un nuage orageux l'ascension paisible.

— Un soupir de bonheur sortit du cœur humain;
La terre frissonna dans son orbite immense,
Comme un cheval frémit délivré de son frein.

Tous les astres émus restèrent en silence,
Attendant avec l'Homme, en la même stupeur,
Le suprême décret de la Toute-Puissance,

Quand ces filles du Ciel, retournant au Seigneur,
Comme ayant retrouvé leurs régions natales,
Autour de Jéhovah se rangèrent en chœur,

D'un mouvement pareil levant leurs mains fatales,
Puis chantant d'une voix leur hymne de douleur,
Et baissant à la fois leurs fronts calmes et pâles :

« Nous venons demander la Loi de l'avenir.
Nous sommes, ô Seigneur, les froides Destinées
Dont l'antique pouvoir ne devait point faillir.

» Nous roulions sous nos doigts les jours et les années :
Devons-nous vivre encore ou devons-nous finir,
Des Puissances du ciel, nous, les fortes aînées ?

» Vous détruisez d'un coup le grand piége du Sort
Où tombaient tour à tour les races consternées.
Faut-il combler la fosse et briser le ressort ?

» Ne mènerons-nous plus ce troupeau faible et morne,
Ces hommes d'un moment, ces condamnés à mort,
Jusqu'au bout du chemin dont nous posions la borne.

» Le moule de la vie était creusé par nous.
Toutes les passions y répandaient leur lave,
Et les événements venaient s'y fondre tous.

» Sur les tables d'airain où notre loi se grave,
Vous effacez le nom de la FATALITÉ,
Vous déliez les pieds de l'homme notre esclave.

» Qui va porter le poids dont s'est épouvanté
Tout ce qui fut créé ? ce poids sur la pensée,
Dont le nom est en bas : RESPONSABILITÉ ? »

Il se fit un silence, et la terre affaissée
S'arrêta comme fait la barque sans rameurs
Sur les flots orageux, dans la nuit balancée.

Une voix descendit, venant de ces hauteurs
Où s'engendrent, sans fin, les mondes dans l'espace ;
Cette voix, de la terre emplit les profondeurs :

« Retournez en mon nom, reines, je suis la Grâce.
L'homme sera toujours un nageur incertain
Dans les ondes du temps qui se mesure et passe.

» Vous toucherez son front, ô filles du Destin !
Son bras ouvrira l'eau, qu'elle soit haute ou basse,
Voulant trouver sa place et deviner sa fin.

» Il sera plus heureux, se croyant maître et libre
En luttant contre vous dans un combat mauvais
Où moi seule, d'en haut, je tiendrai l'équilibre.

» De moi naîtra son souffle et sa force à jamais.
Son mérite est le mien, sa loi perpétuelle :
Faire ce que je veux pour venir où JE SAIS. »

———

Et le chœur descendit vers sa proie éternelle
Afin d'y ressaisir sa domination
Sur la race timide, incomplète et rebelle.

On entendit venir la sombre Légion
Et retomber les pieds des femmes inflexibles,
Comme sur nos caveaux tombe un cercueil de plomb.

Chacune prit chaque homme en ses mains invisibles;
Mais, plus forte à présent, dans ce sombre duel,
Notre âme en deuil combat ces Esprits impassibles.

Nous soulevons parfois leur doigt faux et cruel.
La volonté transporte à des hauteurs sublimes
Notre front éclairé par un rayon du ciel.

Cependant sur nos caps, sur nos rocs, sur nos cimes,
Leur doigt rude et fatal se pose devant nous,
Et, d'un coup, nous renverse au fond des noirs abîmes.

Oh! dans quel désespoir nous sommes encor tous!
Vous avez élargi le COLLIER qui nous lie,
Mais qui donc tient la chaîne? — Ah! Dieu juste, est-ce vous?

Arbitre libre et fier des actes de sa vie,
Si notre cœur s'entr'ouvre au parfum des vertus,
S'il s'embrase à l'amour, s'il s'élève au génie,

Que l'ombre des Destins, Seigneur, n'oppose plus
A nos belles ardeurs une immuable entrave,
A nos efforts sans fin des coups inattendus !

O sujet d'épouvante à troubler le plus brave !
Question sans réponse où vos saints se sont tus !
O mystère ! ô tourment de l'âme forte et grave !

Notre mot éternel est-il : C'ÉTAIT ÉCRIT ?
SUR LE LIVRE DE DIEU, dit l'Orient esclave ;
Et l'Occident répond : SUR LE LIVRE DU CHRIST.

Écrit au Maine-Giraud (Charente), 27 août 1849.

LA MAISON DU BERGER

A ÉVA

I

Si ton cœur, gémissant du poids de notre vie,
Se traîne et se débat comme un aigle blessé,
Portant comme le mien, sur son aile asservie,
Tout un monde fatal, écrasant et glacé ;
S'il ne bat qu'en saignant par sa plaie immortelle,
S'il ne voit plus l'amour, son étoile fidèle,
Éclairer pour lui seul l'horizon effacé ;

Si ton âme enchaînée, ainsi que l'est mon âme,
Lasse de son boulet et de son pain amer,
Sur sa galère en deuil laissé tomber la rame,
Penche sa tête pâle et pleure sur la mer,

Et, cherchant dans les flots une route inconnue,
Y voit, en frissonnant, sur son épaule nue,
La lettre sociale écrite avec le fer ;

Si ton corps, frémissant des passions secrètes,
S'indigne des regards, timide et palpitant ;
S'il cherche à sa beauté de profondes retraites
Pour la mieux dérober au profane insultant ;
Si ta lèvre se sèche au poison des mensonges,
Si ton beau front rougit de passer dans les songes
D'un impur inconnu qui te voit et t'entend,

Pars courageusement, laisse toutes les villes ;
Ne ternis plus tes pieds aux poudres du chemin,
Du haut de nos pensers vois les cités serviles
Comme les rocs fatals de l'esclavage humain.
Les grands bois et les champs sont de vastes asiles,
Libres comme la mer autour des sombres îles.
Marche à travers les champs une fleur à la main.

La Nature t'attend dans un silence austère ;
L'herbe élève à tes pieds son nuage des soirs,
Et le soupir d'adieu du soleil à la terre
Balance les beaux lis comme des encensoirs.

La forêt a voilé ses colonnes profondes,
La montagne se cache, et sur les pâles ondes
Le saule a suspendu ses chastes reposoirs.

Le crépuscule ami s'endort dans la vallée,
Sur l'herbe d'émeraude et sur l'or du gazon,
Sous les timides joncs de la source isolée
Et sous le bois rêveur qui tremble à l'horizon,
Se balance en fuyant dans les grappes sauvages,
Jette son manteau gris sur le bord des rivages.
Et des fleurs de la nuit entr'ouvre la prison.

Il est sur ma montagne une épaisse bruyère
Où les pas du chasseur ont peine à se plonger,
Qui plus haut que nos fronts lève sa tête altière,
Et garde dans la nuit le pâtre et l'étranger.
Viens y cacher l'amour et ta divine faute ;
Si l'herbe est agitée ou n'est pas assez haute,
J'y roulerai pour toi la Maison du Berger.

Elle va doucement avec ses quatre roues,
Son toit n'est pas plus haut que ton front et tes yeux ;
La couleur du corail et celle de tes joues
Teignent le char nocturne et ses muets essieux.

Le seuil est parfumé, l'alcôve est large et sombre,
Et, là, parmi les fleurs, nous trouverons dans l'ombre,
Pour nos cheveux unis, un lit silencieux.

Je verrai, si tu veux, les pays de la neige,
Ceux où l'astre amoureux dévore et resplendit,
Ceux que heurtent les vents, ceux que la neige assiége,
Ceux où le pôle obscur sous sa glace est maudit.
Nous suivrons du hasard la course vagabonde.
Que m'importe le jour? que m'importe le monde?
Je dirai qu'ils sont beaux quand tes yeux l'auront dit.

Que Dieu guide à son but la vapeur foudroyante
Sur le fer des chemins qui traversent les monts,
Qu'un ange soit debout sur sa forge bruyante,
Quand elle va sous terre ou fait trembler les ponts
Et, de ses dents de feu, dévorant ses chaudières,
Transperce les cités et saute les rivières,
Plus vite que le cerf dans l'ardeur de ses bonds !

Oui, si l'ange aux yeux bleus ne veille sur sa route,
Et le glaive à la main ne plane et la défend,
S'il n'a compté les coups du levier, s'il n'écoute
Chaque tour de la roue en son cours triomphant,

S'il n'a l'œil sur les eaux et la main sur la braise :
Pour jeter en éclats la magique fournaise,
Il suffira toujours du caillou d'un enfant.

Sur le taureau de fer qui fume, souffle et beugle,
L'homme a monté trop tôt. Nul ne connaît encor
Quels orages en lui porte ce rude aveugle,
Et le gai voyageur lui livre son trésor;
Son vieux père et ses fils, il les jette en otage
Dans le ventre brûlant du taureau de Carthage,
Qui les rejette en cendre aux pieds du dieu de l'or.

Mais il faut triompher du temps et de l'espace,
Arriver ou mourir. Les marchands sont jaloux.
L'or pleut sous les charbons de la vapeur qui passe,
Le moment et le but sont l'univers pour nous.
Tous se sont dit : « Allons! » mais aucun n'est le maître
Du dragon mugissant qu'un savant a fait naître;
Nous nous sommes joués à plus fort que nous tous.

Eh bien, que tout circule et que les grandes causes
Sur des ailes de feu lancent les actions,
Pourvu qu'ouverts toujours aux généreuses choses,
Les chemins du vendeur servent les passions.

Béni soit le Commerce au hardi caducée,
Si l'Amour que tourmente une sombre pensée
Peut franchir en un jour deux grandes nations.

Mais, à moins qu'un ami menacé dans sa vie
Ne jette, en appelant, le cri du désespoir,
Ou qu'avec son clairon la France nous convie
Aux fêtes du combat, aux luttes du savoir ;
A moins qu'au lit de mort une mère éplorée
Ne veuille encor poser sur sa race adorée
Ces yeux tristes et doux qu'on ne doit plus revoir,

Évitons ces chemins. — Leur voyage est sans grâces,
Puisqu'il est aussi prompt, sur ses lignes de fer,
Que la flèche lancée à travers les espaces
Qui va de l'arc au but en faisant siffler l'air.
Ainsi jetée au loin, l'humaine créature
Ne respire et ne voit, dans toute la nature,
Qu'un brouillard étouffant que traverse un éclair.

On n'entendra jamais piaffer sur une route
Le pied vif du cheval sur les pavés en feu :
Adieu, voyages lents, bruits lointains qu'on écoute,
Le rire du passant, les retards de l'essieu,

Les détours imprévus des pentes variées,
Un ami rencontré, les heures oubliées,
L'espoir d'arriver tard dans un sauvage lieu.

La distance et le temps sont vaincus. La science
Trace autour de la terre un chemin triste et droit.
Le Monde est rétréci par notre expérience
Et l'équateur n'est plus qu'un anneau trop étroit.
Plus de hasard. Chacun glissera sur sa ligne
Immobile au seul rang que le départ assigne,
Plongé dans un calcul silencieux et froid.

Jamais la rêverie amoureuse et paisible
N'y verra sans horreur son pied blanc attaché;
Car il faut que ses yeux sur chaque objet visible
Versent un long regard, comme un fleuve épanché;
Qu'elle interroge tout avec inquiétude,
Et, des secrets divins se faisant une étude,
Marche, s'arrête et marche avec le col penché.

II

Poésie! ô trésor! perle de la pensée!
Les tumultes du cœur, comme ceux de la mer,

Ne sauraient empêcher ta robe nuancée
D'amasser les couleurs qui doivent te former.
Mais, sitôt qu'il te voit briller sur un front mâle,
Troublé de ta lueur mystérieuse et pâle,
Le vulgaire effrayé commence à blasphémer.

Le pur enthousiasme est craint des faibles âmes
Qui ne sauraient porter son ardeur et son poids.
Pourquoi le fuir ? — La vie est double dans les flammes.
D'autres flambeaux divins nous brûlent quelquefois :
C'est le Soleil du ciel, c'est l'Amour, c'est la Vie ;
Mais qui de les éteindre a jamais eu l'envie ?
Tout en les maudissant, on les chérit tous trois.

La Muse a mérité les insolents sourires
Et les soupçons moqueurs qu'éveille son aspect.
Dès que son œil chercha le regard des satyres,
Sa parole trembla, son serment fut suspect,
Il lui fut interdit d'enseigner la sagesse.
Au passant du chemin elle criait : « Largesse ! »
Le passant lui donna sans crainte et sans respect.

Ah ! fille sans pudeur ! fille de saint Orphée,
Que n'as-tu conservé ta belle gravité !

Tu n'irais pas ainsi, d'une voix étouffée,
Chanter aux carefours impurs de la cité.
Tu n'aurais pas collé sur le coin de ta bouche,
Le coquet madrigal, piquant comme une bouche,
Et, près de ton œil bleu, l'équivoque effronté.

Tu tombas dès l'enfance, et, dans la folle Grèce,
Un vieillard, t'enivrant de son baiser jaloux,
Releva le premier ta robe de prêtresse,
Et, parmi les garçons, t'assit sur ses genoux.
De ce baiser mordant ton front porte la trace ;
Tu chantas en buvant dans les banquets d'Horace,
Et Voltaire à la cour te traîna devant nous.

Vestale aux feux éteints ! les hommes les plus graves
Ne posent qu'à demi ta couronne à leur front ;
Ils se croient arrêtés, marchant dans tes entraves,
Et n'être que poëte est pour eux un affront.
Ils jettent leurs pensers aux vents de la tribune,
Et ces vents, aveuglés comme l'est la Fortune,
Les rouleront comme elle et les emporteront.

Ils sont fiers et hautains dans leur fausse attitude ;
Mais le sol tremble aux pieds de ces tribuns romains.

Leurs discours passagers flattent avec étude
La foule qui les presse et qui leur bat des mains ;
Toujours renouvelé sous ses étroits portiques,
Ce parterre ne jette aux acteurs politiques
Que des fleurs sans parfums, souvent sans lendemains.

Ils ont pour horizon leur salle de spectacle ;
La chambre où ces élus donnent leurs faux combats
Jette en vain, dans son temple, un incertain oracle,
Le peuple entend de loin le bruit de leurs débats ;
Mais il regarde encor le jeu des assemblées
De l'œil dont ses enfants et ses femmes troublées
Voient le terrible essai des vapeurs aux cent bras.

L'ombrageux paysan gronde à voir qu'on détèle,
Et que pour le scrutin on quitte le labour.
Cependant le dédain de la chose immortelle
Tient jusqu'au fond du cœur quelque avocat d'un jour.
Lui qui doute de l'âme, il croit à ses paroles.
Poésie, il se rit de tes graves symboles,
O toi des vrais penseurs impérissable amour !

Comment se garderaient les profondes pensées
Sans rassembler leurs feux dans ton diamant pur

Qui conserve si bien leurs splendeurs condensées ?
Ce fin miroir solide, étincelant et dur,
Reste de nations mortes, durable pierre
Qu'on trouve sous ses pieds lorsque dans la poussière
On cherche les cités sans en voir un seul mur.

Diamant sans rival, que les feux illuminent
Les pas lents et tardifs de l'humaine Raison !
Il faut, pour voir de loin les peuples qui cheminent,
Que le Berger t'enchâsse au toit de sa maison.
Le jour n'est pas levé. — Nous en sommes encore
Au premier rayon blanc qui précède l'aurore
Et dessine la terre aux bords de l'horizon.

Les peuples tout enfants à peine se découvrent
Par-dessus les buissons nés pendant leur sommeil,
Et leur main, à travers les ronces qu'ils entr'ouvrent,
Met aux coups mutuels le premier appareil.
La barbarie encor tient nos pieds dans sa gaîne.
Le marbre des vieux temps jusqu'aux reins nous enchaîne,
Et tout homme énergique au dieu Terme est pareil.

Mais notre esprit rapide en mouvements abonde ;
Ouvrons tout l'arsenal de ses puissants ressorts.
L'invisible est réel. Les âmes ont leur monde

Où sont accumulés d'impalpables trésors.
Le Seigneur contient tout dans ses deux bras immenses,
Son Verbe est le séjour de nos intelligences,
Comme ici-bas l'espace est celui de nos corps.

III

Éva, qui donc es-tu ? Sais-tu bien ta nature ?
Sais-tu quel est ici ton but et ton devoir ?
Sais-tu que, pour punir l'homme, sa créature,
D'avoir porté la main sur l'arbre du savoir,
Dieu permit qu'avant tout, de l'amour de soi-même
En tout temps, à tout âge, il fît son bien suprême,
Tourmenté de s'aimer, tourmenté de se voir ?

Mais, si Dieu près de lui t'a voulu mettre, ô femme !
Compagne délicate ! Éva ! sais-tu pourquoi ?
C'est pour qu'il se regarde au miroir d'une autre âme,
Qu'il entende ce chant qui ne vient que de toi :
— L'enthousiasme pur dans une voix suave.
C'est afin que tu sois son juge et son esclave
Et règnes sur sa vie en vivant sous sa loi.

Ta parole joyeuse a des mots despotiques ;
Tes yeux sont si puissants, ton aspect est si fort,

Que les rois d'Orient ont dit dans leurs cantiques
Ton regard redoutable à l'égal de la mort ;
Chacun cherche à fléchir tes jugements rapides...
— Mais ton cœur, qui dément tes formes intrépides,
Cède sans coup férir aux rudesses du sort.

Ta pensée a des bonds comme ceux des gazelles,
Mais ne saurait marcher sans guide et sans appui.
Le sol meurtrit ses pieds, l'air fatigue ses ailes,
Son œil se ferme au jour dès que le jour a lui ;
Parfois, sur les hauts lieux d'un seul élan posée,
Troublée au bruit des vents, ta mobile pensée
Ne peut seule y veiller sans crainte et sans ennui.

Mais aussi tu n'as rien de nos lâches prudences,
Ton cœur vibre et résonne au cri de l'opprimé,
Comme dans une église aux austères silences
L'orgue entend un soupir et soupire alarmé.
Tes paroles de feu meuvent les multitudes,
Tes pleurs lavent l'injure et les ingratitudes,
Tu pousses par le bras l'homme... Il se lève armé.

C'est à toi qu'il convient d'ouïr les grandes plaintes
Que l'humanité triste exhale sourdement.
Quand le cœur est gonflé d'indignations saintes,

L'air des cités l'étouffe à chaque battement.
Mais de loin les soupirs des tourmentes civiles,
S'unissant au-dessus du charbon noir des villes,
Ne forment qu'un grand mot qu'on entend clairement.

Viens donc ! le ciel pour moi n'est plus qu'une auréole
Qui t'entoure d'azur, t'éclaire et te défend ;
La montagne est ton temple et le bois sa coupole,
L'oiseau n'est sur la fleur balancé par le vent,
Et la fleur ne parfume et l'oiseau ne soupire
Que pour mieux enchanter l'air que ton sein respire ;
La terre est le tapis de tes beaux pieds d'enfant.

Éva, j'aimerai tout dans les choses créées,
Je les contemplerai dans ton regard rêveur
Qui partout répandra ses flammes colorées,
Son repos gracieux, sa magique saveur :
Sur mon cœur déchiré viens poser ta main pure,
Ne me laisse jamais seule avec la Nature ;
Car je la connais trop pour n'en pas avoir peur.

Elle me dit : « Je suis l'impassible théâtre
Que ne peut remuer le pied de ses acteurs ;
Mes marches d'émeraude et mes parvis d'albâtre,
Mes colonnes de marbre ont les dieux pour sculpteurs.

Je n'entends ni vos cris ni vos soupirs ; à peine
Je sens passer sur moi la comédie humaine
Qui cherche en vain au ciel ses muets spectateurs.

» Je roule avec dédain, sans voir et sans entendre,
A côté des fourmis les populations ;
Je ne distingue pas leur terrier de leur cendre,
J'ignore en les portant les noms des nations.
On me dit une mère et je suis une tombe.
Mon hiver prend vos morts comme son hécatombe,
Mon printemps ne sent pas vos adorations.

» Avant vous, j'étais belle et toujours parfumée,
J'abandonnais au vent mes cheveux tout entiers,
Je suivais dans les cieux ma route accoutumée,
Sur l'axe harmonieux des divins balanciers.
Après vous, traversant l'espace où tout s'élance,
J'irai seule et sereine, en un chaste silence
Je fendrai l'air du front et de mes seins altiers. »

C'est là ce que me dit sa voix triste et superbe,
Et dans mon cœur alors je la hais et je vois.
Notre sang dans son onde et nos morts sous son herbe,
Nourrissant de leurs sucs la racine des bois.

Et je dis à mes yeux qui lui trouvaient des charmes :
« Ailleurs tous vos regards, ailleurs toutes vos larmes,
Aimez ce que jamais on ne verra deux fois. »

Oh ! qui verra deux fois ta grâce et ta tendresse,
Ange doux et plaintif qui parle en soupirant ?
Qui naîtra comme toi portant une caresse
Dans chaque éclair tombé de ton regard mourant,
Dans les balancements de ta tête penchée,
Dans ta taille dolente et mollement couchée,
Et dans ton pur sourire amoureux et souffrant ?

Vivez, froide Nature, et revivez sans cesse
Sur nos pieds, sur nos fronts, puisque c'est votre loi ;
Vivez, et dédaignez, si vous êtes déesse,
L'homme, humble passager, qui dut vous être un roi ;
Plus que tout votre règne et que ses splendeurs vaines,
J'aime la majesté des souffrances humaines ;
Vous ne recevrez pas un cri d'amour de moi.

Mais toi, ne veux-tu pas, voyageuse indolente,
Rêver sur mon épaule, en y posant ton front ?
Viens du paisible seuil de la maison roulante
Voir ceux qui sont passés et ceux qui passeront.

Tous les tableaux humains qu'un Esprit pur m'apporte
S'animeront pour toi quand devant notre porte,
Les grands pays muets longuement s'étendront.

Nous marcherons ainsi, ne laissant que notre ombre
Sur cette terre ingrate où les morts ont passé;
Nous nous parlerons d'eux à l'heure où tout est sombre,
Où tu te plais à suivre un chemin effacé,
A rêver, appuyée aux branches incertaines,
Pleurant, comme Diane au bord de ses fontaines
Ton amour taciturne et toujours menacé.

LES ORACLES

DESTINÉE D'UN ROI

I

Ainsi je t'appelais au port, et sur la terre,
Fille de l'Océan, je te montrais mes bois.
J'y roulais la maison errante et solitaire.
— Des dogues révoltés j'entendais les abois.
— Je voyais, au sommet des longues galeries,
L'anonyme drapeau des vieilles Tuileries
Déchiré sur le front du dernier des vieux rois.

II

L'oracle est à présent dans l'air et dans la rue.
Le passant au passant montre au ciel tout point noir.

Nous-même en mon désert nous lisions dans la nue,
Quatre ans avant l'éclair fatal. — Mais le pouvoir
S'enferme en sa doctrine, et, dans l'ombre, il calcule
Les problèmes sournois du jeu de sa bascule,
N'entend rien, ne sait rien et ne veut rien savoir.

III

C'était l'an du Seigneur où les songes livides
Écrivaient sur les murs les trois mots flamboyants ;
Et l'heure où les sultans, seuls sur leurs trônes vides,
Disent au ciel muet : « Où sont mes vrais croyants ? »
— Le temps était venu des sept maigres génisses.
Mais en vain tous les yeux lisaient dans les auspices,
L'aveugle Pharaon dédaignait les voyants.

IV

Ulysse avait connu les hommes et les villes,
Sondé le lac de sang des révolutions,
Des saints et des héros les cœurs faux et serviles,
Et le sable mouvant des constitutions.
— Et pourtant, un matin, des royales demeures,

Comme un autre en trois jours, il tombait en trois heures,
Sous le vent empesté des déclamations.

V

Les parlements jouaient aux tréteaux populaires,
A l'assaut du pouvoir par l'applaudissement,
Leur tribune savait, par de feintes colères,
Terrasser la raison sous le raisonnement.
Mais leurs coups secouaient la poutre et le cordage,
Et le frêle tréteau de leur échafaudage
Un jour vint à crier et croula lourdement.

VI

Les doctrines croisaient leur glaives de Chimères
Devant des spectateurs gravement assoupis.
Quand les lambris tombaient sur eux, ces gens austères
Ferraillaient comme Hamlet, sous la table accroupis.
Poursuivant, comme un rat, l'argument en détresse,
Ces fous, qui distilllaient et vendaient la sagesse,
Tuaient Polonius à travers le tapis.

VII

O de tous les grands cœurs déesses souveraines,
Qu'avez-vous dit alors, ô Justice, ô Raison !
Quand, par ce long travail des ruses souterraines,
Sur le maître étonné s'effondra la maison,
Sous le trône écrasant le divan doctrinaire
Et l'écu d'Orléans, qu'on croyait populaire
Parce qu'il n'avait plus fleur de lis ni blason ?

VIII

Reines de mes pensers, ô Raison ! ô Justice !
Vous avez déployé vos balances d'acier
Pour peser ces esprits d'audace et d'artifice
Que le Destin venait enfin d'humilier.
Quand son glaive, en coupant le fuseau des intrigues,
Trancha le nœud gordien des tortueuses ligues
Que leurs ongles savaient lier et délier.

IX

Vous avez dit alors, de votre voix sévère :
« Malheur à vos amis, comme à vos alliés,
Sophistes qui parlez d'un ton de sermonnaire !
Il a croulé, *ce sol qui tremblait sous vos pieds.*
Mais tomber est trop doux pour l'homme à tous funeste :
De la punition vous subirez le reste,
Corrupteurs ! Vos délits furent mal expiés.

X

» Maîtres en longs discours à flots intarissables !
Vous qui tout enseignez, n'aviez-vous rien appris ?
Toute démocratie est un désert de sables ;
Il y fallait bâtir, si vous l'eussiez compris.
Ce n'était pas assez d'y dresser quelques tentes
Pour un tournoi d'intrigue et de manœuvres lentes
Que le souffle de flamme un matin a surpris.

XI

» Vous avez conservé vos vanités, vos haines,
Au fond du grand abîme où vous êtes couchés,
Comme les corps trouvés sous les cendres romaines
Debout, sous les caveaux de Pompéia cachés,
L'œil fixe, lèvre ouverte et la main étendue,
Cherchant encor dans l'air leur parole perdue,
Et s'évanouissant sitôt qu'ils sont touchés.

XII

» Partout où vous irez, froids, importants et fourbes,
Vous porterez le trouble. En des sentiers étroits
Des coalitions suivant les lignes courbes,
Traçant de faux devoirs et frappant de vrais droits,
Gonflés d'orgueil mondain et d'ambitions folles,
Imposant par le poids de vos âpres paroles
A l'humble courageux la plus lourde des croix.

XIII

» Peuple et rois ont connu quels conseillers vous êtes,
Quand, sous votre ombre, en vain votre prince abrité
Aux murs du grand banquet et des funestes fêtes,
Cherchant quelque lumière en votre obscurité,
Lut ces mots que nos mains gravèrent sur la pierre,
Comme autrefois Cromwell sur sa rouge bannière :
Et nunc, reges mundi, nunc intelligite ! »

24 février 1862.

POST-SCRIPTUM

I

Mais pourquoi de leur cendre évoquer ces journées
Que les dédains publics effacent en passant ?
Entre elles et ce jour ont marché douze années ;
Oublions et la faute et la fuite et le sang,
Et les corruptions des pâles adversaires.
— Non. Dans l'histoire il est de noirs anniversaires
Dont le spectre revient pour troubler le présent.

II

Il revient quand l'orgueil des obstinés coupables
Sort du limon confus des révolutions
Où pêle-mêle on voit tomber les incapables,
Pour nous montrer encor ses vieilles passions
Et hurler à grands cris quelque sombre horoscope.
En observant la vase aux feux d'un microscope,
On voit dans les serpents ces agitations.

III

S'agiter et blesser est l'instinct des vipères,
L'homme ainsi contre l'homme a son instinct fatal,
Il retourne ses dards et nourrit ses colères
Au réservoir caché de son poison natal.
Dans quelque cercle obscur qu'on les ait vus descendre,
Homme ou serpent, blottis sous le verre ou la cendre,
Mordront le diamant ou mordront le cristal.

IV

Le cristal, c'est la vue et la clarté du Juste,
Du principe éternel de toute vérité,
L'examen de soi-même au tribunal auguste
Où la raison, l'honneur, la bonté, l'équité,
La prévoyance à l'œil rapide et la science
Délibèrent en paix devant la conscience
Qui, jugeant l'action, régit la liberté.

V

Toujours, sur ce cristal, rempart des grandes âmes,
La langue du sophiste ira heurter son dard.
Qu'il se morde lui-même en ses détours infâmes,
Qu'il rampe aveugle et sourd, dans l'éternel brouillard.
Oublié, méprisé, qu'il conspire et se torde,
Ignorant le vrai beau, qu'il le souille et qu'il morde
Ce diamant que cherche en vain son faux regard.

VI

Le Diamant ! c'est l'art des choses idéales,
Et ses rayons d'argent, d'or, de pourpre et d'azur,
Ne cessent de lancer les deux lueurs égales
Des pensers les plus beaux, de l'amour le plus pur.
Il porte du génie et transmet les empreintes.
Oui, de ce qui survit aux nations éteintes,
C'est lui le plus brillant trésor et le plus dur.

28 mars 1862.

LA SAUVAGE

—

I

Solitudes que Dieu fit pour le Nouveau Monde,
Forêts, vierges encor, dont la voûte profonde
A d'éternelles nuits que les brûlants soleils
N'éclairent qu'en tremblant par deux rayons vermeils
(Car le couchant peut seul et seule peut l'aurore
Glisser obliquement au pied du sycomore),
Pour qui, dans l'abandon, soupirent vos cyprès?
Pour qui sont épaissis ces joncs luisants et frais?
Quels pas attendez-vous pour fouler vos prairies?
De quels peuples éteints étiez-vous les patries?
Les pieds de vos grands pins, si jeunes et si forts,
Sont-ils entrelacés sur la tête des morts?
Et vos gémissement sortent-ils de ces urnes
Que trouve l'Indien sous ses pas taciturnes?

Et ces bruits du désert, dans la plaine entendus,
Est-ce un soupir dernier des royaumes perdus?
Votre nuit est bien sombre et le vent seul murmure.
Une peur inconnue accable la nature.
Les oiseaux sont cachés dans le creux des pins noirs,
Et tous les animaux ferment leurs reposoirs
Sour l'écorce, on la mousse ou parmi les racines,
Ou dans le creux profond des vieux troncs en ruines.
— L'orage sonne au loin, le bois va se courber.
De larges gouttes d'eau commencent à tomber;
Le combat se prépare et l'immense ravage
Entre la nue ardente et la forêt sauvage.

II

— Qui donc cherche sa route en ces bois ténébreux?
Une pauvre Indienne au visage fiévreux,
Pâle et portant au sein un faible enfant qui pleure.
Sur un sapin tombé, pont tremblant qu'elle effleure,
Elle passe, et sa main tient sur l'épaule un poids
Qu'elle baise : autre enfant pendu comme un carquois.
Malgré sa volonté, sa jeunesse et sa force,
Elle frissonne encor sous la pagne d'écorce
Et tient sur ses deux fils la laine aux plis épais,
Sa tunique et son lit dans la guerre et la paix.

— Après avoir longtemps examiné les herbes
Et la trace des pieds sur leurs épaisses gerbes
Ou sur le sable fin des ruisseaux abondants,
Elle s'arrête et cherche avec des yeux ardents
Quel chemin a suivi dans les feuilles froissées
L'homme de la *Peau-Rouge* aux guerres insensées.
Comme la lice errante, affamée et chassant,
Elle flaire l'odeur du sauvage passant,
Indien, ennemi de sa race indienne,
Et de qui la famille a massacré la sienne.
Elle écoute, regarde et respire à la fois
La marche des Hurons sur les feuilles des bois;
Un cri lointain l'effraye, et dans la forêt verte
Elle s'enfonce enfin par une route ouverte.
Elle sait que les blancs, par le fer et le feu,
Ont troué ces grands bois semés des mains de Dieu,
Et, promenant au loin la flamme qui calcine,
Pour labourer la terre ont brûlé la racine,
L'arbre et les joncs touffus que le fleuve arrosait.
Ces Anglais qu'autrefois sa tribu méprisait
Sont maîtres sur sa terre, et l'Osage indocile
Va chercher leur foyer pour demander asile.

III

Elle entre en une allée où d'abord elle voit
La barrière d'un parc. — Un chemin large et droit
Conduit à la maison de forme britannique,
Où le bois est cloué dans les angles de brique,
Où le toit invisible entre un double rempart
S'enfonce, où le charbon fume de toute part,
Où tout est clos et sain, où vient blanche et luisante
S'unir à l'ordre froid la propreté décente.
Fermée à l'ennemi, la maison s'ouvre au jour,
Légère comme un kiosk, forte comme une tour.
Le chien de Terre-Neuve y hurle près des portes,
Et des blonds serviteurs les agiles cohortes
S'empressent en silence aux travaux familiers,
Et, les plateaux en main, montent les escaliers.
Deux filles de six ans aux lèvres ingénues
Attachaient des rubans sur leurs épaules nues ;
Mais, voyant l'Indienne, elles courent ; leur main
L'appelle et l'introduit par le large chemin
Dont elles ont ouvert, à deux bras, la barrière ;
Et caressant déjà la pâle aventurière :
« As-tu de beaux colliers d'azaléa pour nous ?
Ces mocassins musqués, si jolis et si doux,

Que ma mère à ses pieds ne veut d'autre chaussure?
Et les peaux de castor, les a-t-on sans morsure?
Vends-tu le lait des noix et la sagamité¹?
Le pain anglais n'a pas tant de suavité.
C'est Noël aujourd'hui, Noël est notre fête,
A nous, enfants; vois-tu? la Bible est déjà prête;
Devant l'orgue ma mère et nos sœurs vont s'asseoir,
Mon frère est sur la porte et mon père au parloir. »
L'Indienne aux grands yeux leur sourit sans répondre,
Regarde tristement cette maison de Londre
Que le vent malfaiteur apporta dans ses bois,
Au lieu d'y balancer le hamac d'autrefois.
Mais elle entre à grands pas, de cet air calme et grave
Près duquel tout regard est un regard d'esclave.

Le parloir est ouvert, un pupitre au milieu;
Le Père y lit la Bible à tous les gens du lieu,
Sa femme et ses enfants sont debout et l'écoutent,
Et des chasseurs de daims, que les Hurons redoutent,
Défricheurs de forêts et tueurs de bison,
Valets et laboureurs, composent la maison.

Le maître est jeune et blond, vêtu de noir, sévère
D'aspect et d'un maintien qui veut qu'on le révère.

¹ Pâte de maïs.

L'Anglais-Américain, nomade et protestant,
Pontife en sa maison y porte, en l'habitant,
Un seul livre et partout où, pour l'heure, il réside,
De toute question sa papauté décide :
Sa famille est croyante, et, sans autels, il sert,
Prêtre et père à la fois, son Dieu dans un désert.

Celui qui règne ici d'une façon hautaine
N'a point voulu parer sa maison puritaine ;
Mais l'œil trouve un miroir sur les aciers brunis,
La main se réfléchit sur les meubles vernis ;
Nul tableau sur les murs ne fait briller l'image
D'un pays merveilleux, d'un grand homme ou d'un sage ;
Mais, sous un cristal pur, orné d'un noir feston,
Un billet en dix mots qu'écrivit Washington.
Quelques livres rangés, dont le premier Shakspeare
(Car des deux bords anglais ses deux pieds ont l'empire),
Attendent dans un angle, à leur taille ajusté,
Les lectures du soir et les heures du thé.
Tout est prêt et rangé dans sa juste mesure,
Et la maîtresse, assise au coin d'une embrasure,
D'un sourire angélique et d'un doigt gracieux
Fait signe à ses enfants de baisser leur beaux yeux.

IV

— La sauvage Indienne au milieu d'eux s'avance :
« Salut, maître. Moi, femme et seule en ta présence,
Je te viens demander asile en ta maison,
Nourris mes deux enfants; tiens-moi, dans ta prison,
Esclave de tes fils et de tes filles blanches
Car ma tribu n'est plus, et ses dernières branches
Sont mortes. Les Hurons, cette nuit, ont scalpé
Mes frères; mon mari ne s'est point échappé;
Nos hameaux sont brûlés comme aussi la prairie.
J'ai sauvé mes deux fils à travers la tuerie;
Je n'ai plus de hamac, je n'ai plus de maïs,
Je n'ai plus de parents, je n'ai plus de pays. »
— Elle dit sans pleurer et sur le seuil se pose,
Sans que sa ferme voix ajoute aucune chose.

Le maître, d'un regard intelligent, humain,
Interroge sa femme en lui serrant la main.
« Ma sœur, dit-il ensuite, entre dans ma famille;
Tes pères ne sont plus; que leur dernière fille
Soit sous mon toit solide accueillie, et chez moi
Tes enfants grandiront innocents comme toi,

Ils apprendront de nous, travailleurs, que la terre
Est sacrée et confère un droit héréditaire
A celui qui la sert de son bras endurci.
Caïn le laboureur a sa revanche ici,
Et le chasseur Abel va, dans ses forêts vides,
Voir errer et mourir ses familles livides,
Comme des loups perdus qui se mordent entre eux,
Aveuglés par la rage, affamés, malheureux,
Sauvages animaux sans but, sans loi, sans âme,
Pour avoir dédaigné le Travail et la Femme.

» Hommes à la peau rouge ! Enfants, qu'avez vous fait ?
Dans l'air d'une maison votre cœur étouffait,
Vous haïssiez la paix, l'ordre et les lois civiles
Et la sainte union des peuples dans les villes,
Et vous voilà cernés dans l'anneau grandissant.
C'est la loi qui, sur vous, s'avance en vous pressant.
La loi d'Europe est lourde, impassible et robuste ;
Mais son cercle est divin, car au centre est le Juste.
Sur les deux bords des mers vois-tu de tout côté
S'établir lentement cette grave beauté ?
Prudente fée, elle a, dans sa marche cyclique,
Sur chacun de ses pas mis une république.
Elle dit, en fondant chaque neuve cité :
« Vous m'appelez la Loi, je suis la Liberté. »
Sur le haut des grands monts, sur toutes les collines,
De la Louisiane aux deux sœurs Carolines,

L'œil de l'Européen qui l'aime et la connaît
Sait voir planer de loin sa pique et son bonnet,
Son bonnet phrygien, cette pourpre où s'attache,
Pour abattre les bois, une puissante hache.
Moi, simple pionnier, au nom de la raison,
J'ai planté cette pique au seuil de ma maison,
Et j'ai, tout au milieu des forêts inconnues,
Avec ce fer de hache ouvert des avenues ;
Mes fils, puis, après eux, leurs fils et leurs neveux,
Faucheront tout le reste avec leurs bras nerveux,
Et la terre où je suis doit être aussi leur terre ;
Car de la sainte Loi tel est le caractère,
Qu'elle a de la Nature interprété les cris.
Tourne sur tes enfants tes grands yeux attendris,
Ma sœur, et sur ton sein. — Cherche bien si la vie
Y coule pour toi seule. — Es-tu donc assouvie
Quand brille la santé sur ton front triomphant ?
— Que dit le sein fécond de la mère à l'enfant ?
Que disent, en tombant des veines azurées,
Que disent, en courant les gouttes épurées ?
Que dit le cœur qui bat et les pousse à grands flots ?
— Ah ! le sein et le cœur, dans les divins sanglots
Où les soupirs d'amour aux douleurs se confondent,
Aux morsures d'enfant le cœur, le sein répondent :
« A toi mon âme, à toi ma vie, à toi mon sang
» Qui du cœur de ma mère au fond du tien descend,
» Et n'a passé par moi, par mes chastes mamelles,

» Qu'issu du philtre pur des sources maternelles;
» Que tout ce qui fut mien soit tien, ainsi que lui ! »

. . . . , ...

« Oui ! dit la blonde Anglaise en l'interrompant. — Oui ! »
Répéta l'Indienne en offrant le breuvage
De son sein nud et brun à son enfant sauvage
Tandis que l'autre fils lui tendait les deux bras.

» Sois donc notre convive, avec nous tu vivras,
Poursuivit le jeune homme, et peut-être chrétienne
Un jour, ma forte loi, femme, sera la tienne,
Et tu célébreras avec nous, tes amis,
La fête de Noël au foyer de tes fils. »

1843.

LA COLÈRE DE SAMSON

Le désert est muet, la tente est solitaire.
Quel pasteur courageux la dressa sur la terre
Du sable et des lions ? — La nuit n'a pas calmé
La fournaise du jour dont l'air est enflammé.
Un vent léger s'élève à l'horizon et ride
Les flots de la poussière ainsi qu'un lac limpide.
Le lin blanc de la tente est bercé mollement ;
L'œuf d'autruche, allumé, veille paisiblement,
Des voyageurs voilés intérieure étoile,
Et jette longuement deux ombres sur la toile.

L'une est grande et superbe, et l'autre est à ses pieds :
C'est Dalila, l'esclave, et ses bras sont liés
Aux genoux réunis du maître jeune et grave
Dont la force divine obéit à l'esclave.

Comme un doux léopard elle est souple et répand
Ses cheveux dénoués aux pieds de son amant.
Ses grands yeux, entr'ouverts comme s'ouvre l'amande,
Sont brûlants du plaisir que son regard demande,
Et jettent, par éclats, leur mobiles lueurs.
Ses bras fins tout mouillés de tièdes sueurs,
Ses pieds voluptueux qui sont croisés sous elle,
Ses flancs, plus élancés que ceux de la gazelle,
Pressés de bracelets, d'anneaux, de boucles d'or,
Sont bruns, et, comme il sied aux filles de Hatsor,
Ses deux seins, tout chargés d'amulettes anciennes,
Sont chastement pressés d'étoffes syriennes.

Les genoux de Samson fortement sont unis
Comme les deux genoux du colosse Anubis.
Elle s'endort sans force et riante et bercée
Par la puissante main sous sa tête placée.
Lui, murmure le chant funèbre et douloureux
Prononcé dans la gorge avec des mots hébreux.
Elle ne comprend pas la parole étrangère,
Mais le chant verse un somme en sa tête légère

———

« Une lutte éternelle en tout temps, en tout lieu,
Se livre sur la terre, en présence de Dieu,

Entre la bonté d'Homme et la ruse de Femme,
Car la femme est un être impur de corps et d'âme.

» L'Homme a toujours besoin de caresse et d'amour,
Sa mère l'en abreuve alors qu'il vient au jour.
Et ce bras le premier l'engourdit, le balance
Et lui donne un désir d'amour et d'indolence.
Troublé dans l'action, troublé dans le dessein,
Il rêvera partout à la chaleur du sein,
Aux chansons de la nuit, aux baisers de l'aurore,
A la lèvre de feu que sa lèvre dévore,
Aux cheveux dénoués qui roulent sur son front,
Et les regrets du lit, en marchant, le suivront.
Il ira dans la ville, et, là, les vierges folles
Le prendront dans leurs lacs aux premières paroles.
Plus fort il sera né, mieux il sera vaincu,
Car plus le fleuve est grand et plus il est ému.
Quand le combat que Dieu fit pour la créature
Et contre son semblable et contre la nature
Force l'Homme à chercher un sein où reposer,
Quand ses yeux sont en pleurs, il lui faut un baiser.
Mais il n'a pas encor fini toute sa tâche :
Vient un autre combat plus secret, traître et lâche;
Sous son bras, sur son cœur se livre celui-là;
Et, plus ou moins, la Femme est toujours DALILA.

Elle rit et triompha ; en sa froideur savante,
Au milieu de ses sœurs elle attend et se vante
De ne rien éprouver des atteintes du feu.
A sa plus belle amie elle en a fait l'aveu :
Elle se fait aimer sans aimer elle-même ;
Un maître lui fait peur. C'est le plaisir qu'elle aime ;
L'Homme est rude et le prend sans savoir le donner.
Un sacrifice illustre et fait pour étonner
Rehausse mieux que l'or, aux yeux de ses pareilles,
La beauté qui produit tant d'étranges merveilles
Et d'un sang précieux sait arroser ses pas.
— Donc, ce que j'ai voulu, Seigneur, n'existe pas ! —
Celle a qui va l'amour et de qui vient la vie,
Celle-là, par orgueil, se fait notre ennemie.
La Femme est, à présent, pire que dans ces temps
Où, voyant les humains, Dieu dit : « Je me repens ! »
Bientôt, se retirant dans un hideux royaume,
La femme aura Gomorrhe et l'Homme aura Sodome ;
Et, se jetant, de loin, un regard irrité,
Les deux sexes mourront chacun de son côté.

» Éternel ! Dieu des forts ! vous savez que mon âme
N'avait pour aliment que l'amour d'une femme,
Puisant dans l'amour seul plus de sainte vigueur
Que mes cheveux divins n'en donnaient à mon cœur.
— Jugez-nous. — La voilà sur mes pieds endormie.
Trois fois elle a vendu mes secrets et ma vie,

Et trois fois a versé des pleurs fallacieux
Qui n'ont pu me cacher la rage de ses yeux ;
Honteuse qu'elle était plus encor qu'étonnée,
De se voir découverte ensemble et pardonnée;
Car la bonté de l'Homme est forte et sa douceur
Écrase, en l'absolvant, l'être faible et menteur.

» Mais enfin je suis las. J'ai l'âme si pesante,
Que mon corps gigantesque et ma tête puissante
Qui soutiennent le poids des colonnes d'airain
Ne la peuvent porter avec tout son chagrin.
Toujours voir serpenter la vipère dorée
Qui se traîne en sa fange et s'y croit ignorée;
Toujours ce compagnon dont le cœur n'est pas sûr,
La Femme, enfant malade et douze fois impur!
Toujours mettre sa force à garder sa colère
Dans son cœur offensé, comme en un sanctuaire
D'où le feu s'échappant irait tout dévorer.
Interdire à ses yeux de voir ou de pleurer,
C'est trop ! Dieu s'il le veut, peut balayer ma cendre.
J'ai donné mon secret, Dalila va le vendre.
Qu'ils seront beaux, les pieds de celui qui viendra
Pour m'annoncer la mort ! — Ce qui sera, sera ! »
Il dit et s'endormit près d'elle jusqu'à l'heure
Où les guerriers, tremblant d'être dans sa demeure,
Payant au poids de l'or chacun de ses cheveux,
Attachèrent ses mains et brûlèrent ses yeux,

Le traînèrent sanglant et chargé d'une chaîne.
Que douze grands taureaux ne tiraient qu'avec peine
Le placèrent debout, silencieusement,
Devant Dagon, leur Dieu, qui gémit sourdement
Et deux fois, en tournant, recula sur sa base
Et fit pâlir deux fois ses prêtres en extase;
Allumèrent l'encens, dressèrent un festin
Dont le bruit s'entendait du mont le plus lointain;
Et près de la génisse aux pieds du Dieu tuée
Placèrent Dalila, pâle prostituée,
Couronnée, adorée et reine du repas,
Mais tremblante et disant : IL NE ME VERRA PAS!

Terre et ciel! avez-vous tressailli d'allégresse
Lorsque vous avez vu la menteuse maîtresse
Suivre d'un œil hagard les yeux tachés de sang
Qui cherchaient le soleil d'un regard impuissant?
Et quand enfin Samson, secouant les colonnes
Qui faisaient le soutien des immenses Pylônes,
Écrasa d'un seul coup, sous les débris mortels,
Ses trois mille ennemis, leurs dieux et leurs autels?

Terre et ciel! punissez par de telles justices
La trahison ourdie en des amours factices,
Et la délation du secret de nos cœurs
Arraché dans nos bras par des baisers menteurs!

Écrit à Shavington (Angleterre), 7 avril 1839.

LA MORT DU LOUP

—

I

Les nuages couraient sur la lune enflammée
Comme sur l'incendie on voit fuir la fumée,
Et les bois étaient noirs jusques à l'horizon.
Nous marchions, sans parler, dans l'humide gazon,
Dans la bruyère épaisse et dans les hautes brandes,
Lorsque, sous des sapins pareils à ceux des Landes,
Nous avons aperçu les grands ongles marqués
Par les loups voyageurs que nous avions traqués.
Nous avons écouté, retenant notre haleine
Et le pas suspendu. — Ni le bois ni la plaine
Ne poussaient un soupir dans les airs; seulement
La girouette en deuil criait au firmament;

Car le vent, élevé, bien au-dessus des terres,
N'effleurait de ses pieds que les tours solitaires,
Et les chênes d'en bas, contre les rocs penchés,
Sur leurs coudes semblaient endormis et couchés.
Rien ne bruissait donc, lorsque, baissant la tête,
Le plus vieux des chasseurs qui s'étaient mis en quête
A regardé le sable en s'y couchant ; bientôt,
Lui que jamais ici on ne vit en défaut,
A déclaré tout bas que ces marques récentes
Annonçaient la démarche et les griffes puissantes
De deux grands loups-cerviers et de deux louveteaux.
Nous avons tous alors préparé nos couteaux,
Et, cachant nos fusils et leurs lueurs trop blanches,
Nous allions pas à pas en écartant les branches.
Trois s'arrêtent, et moi, cherchant ce qu'ils voyaient,
J'aperçois tout à coup deux yeux qui flamboyaient,
Et je vois au delà quatre formes légères
Qui dansaient sous la lune au milieu des bruyères,
Comme font chaque jour, à grand bruit sous nos yeux,
Quand le maître revient, les lévriers joyeux.
Leur forme était semblable et semblable la danse ;
Mais les enfants du Loup se jouaient en silence,
Sachant bien qu'à deux pas, ne dormant qu'à demi,
Se couche dans ses murs l'homme leur ennemi.
Le père était debout, et plus loin, contre un arbre,
Sa louve reposait comme celle de marbre
Qu'adoraient les Romains, et dont les flancs velus
Couvaient les demi-dieux Rémus et Romulus.

Le Loup vient et s'assied, les deux jambes dressées,
Par leurs ongles crochus dans le sable enfoncées.
Il est jugé perdu, puisqu'il était surpris,
Sa retraite coupée et tous ses chemins pris ;
Alors il a saisi, dans sa gueule brûlante,
Du chien le plus hardi la gorge pantelante,
Et n'a pas desserré ses mâchoires de fer,
Malgré nos coups de feu qui traversaient sa chair,
Et nos couteaux aigus qui, comme des tenailles,
Se croisaient en plongeant dans ses larges entrailles,
Jusqu'au dernier moment où le chien étranglé,
Mort longtemps avant lui, sous ses pieds a roulé.
Le Loup le quitte alors et puis il nous regarde.
Les couteaux lui restaient au flanc jusqu'à la garde,
Le clouaient au gazon tout baigné dans son sang ;
Nos fusils l'entouraient en sinistre croissant.
Il nous regarde encore, ensuite il se recouche,
Tout en léchant le sang répandu sur sa bouche,
Et, sans daigner savoir comment il a péri,
Refermant ses grands yeux, meurt sans jeter un cri.

II

J'ai reposé mon front sur mon fusil sans poudre,
Me prenant à penser, et n'ai pu me résoudre

A poursuivre sa Louve et ses fils, qui, tous trois,
Avaient voulu l'attendre, et, comme je le crois,
Sans ses deux louveteaux, la belle et sombre veuve
Ne l'eût pas laissé seul subir la grande épreuve ;
Mais son devoir était de les sauver, afin
De pouvoir leur apprendre à bien souffrir la faim,
A ne jamais entrer dans le pacte des villes
Que l'homme a fait avec les animaux serviles
Qui chassent devant lui, pour avoir le coucher,
Les premiers possesseurs du bois et du rocher.

III

Hélas ! ai-je pensé, malgré ce grand nom d'Hommes,
Que j'ai honte de nous, débiles que nous sommes !
Comment on doit quitter la vie et tous ses maux,
C'est vous qui le savez, sublimes animaux !
A voir ce que l'on fut sur terre et ce qu'on laisse,
Seul le silence est grand ; tout le reste est faiblesse.
— Ah ! je t'ai bien compris, sauvage voyageur,
Et ton dernier regard m'est allé jusqu'au cœur !
Il disait : « Si tu peux, fais que mon âme arrive,
A force de rester studieuse et pensive,
Jusqu'à ce haut degré de stoïque fierté
Où, naissant dans les bois, j'ai tout d'abord monté.

Gémir, pleurer, prier, est également lâche.
Fais énergiquement ta longue et lourde tâche
Dans la voie où le sort a voulu t'appeler,
Puis, après, comme moi, souffre et meurs sans parler. »

Écrit au château du M***.
1843.

LA FLUTE

I

Un jour, je vis s'asseoir au pied de ce grand arbre
Un pauvre qui posa sur ce vieux banc de marbre
Son sac et son chapeau, s'empressa d'achever
Un morceau de pain noir, puis se mit à rêver.
Il paraissait chercher dans les longues allées
Quelqu'un pour écouter ses chansons désolées ;
Il suivait à regret la trace des passants
Rares et qui pressés s'en allaient en tous sens.
Avec eux s'enfuyait l'aumône disparue,
Prix douteux d'un lit dur en quelque étroite rue
Et d'un amer souper dans un logis malsain.
Cependant il tirait lentement de son sein,
Comme se préparait au martyre un apôtre,
Les trois parts d'une Flûte et liait l'une à l'autre,

Essayait l'embouchure à son menton tremblant,
Faisait mouvoir la clef, l'épurait en soufflant,
Sur ses genoux ployés frottait le bois d'ébène,
Puis jouait. — Mais son front en vain gonflait sa veine,
Personne autour de lui pour entendre et juger
L'humble acteur d'un public ingrat et passager.
J'approchais une main du vieux chapeau d'artiste,
Sans attendre un regard de son œil doux et triste
En ce temps de révolte et d'orgueil si rempli ;
Mais, quoique pauvre, il fut modeste et très-poli.

II

Il me fit un tableau de sa pénible vie.
Poussé par ce démon qui toujours nous convie,
Ayant tout essayé, rien ne lui réussit,
Et le chaos entier roulait dans son récit,
Ce n'était qu'élan brusque et qu'ambitions folles,
Qu'entreprise avortée et grandeur en paroles.

D'abord, à son départ, orgueil démesuré,
Gigantesque écriteau sur un front assuré,
Promené dans Paris d'une façon hautaine ;
Bonaparte et Byron, poëte et capitaine,

Législateur aussi, chef de religion
(De tous les écoliers c'est la contagion),
Père d'un panthéisme orné de plusieurs choses,
De quelques âges d'or et des métempsycoses
De Bouddha, qu'en son cœur il croyait inventer;
Il l'appliquait à tout, espérant importer
Sa révolution dans sa philosophie;
Mais des contrebandiers notre âge se défie;
Bientôt par nos fleurets le défaut est trouvé;
D'un seul argument fin son ballon fut crevé.

Pour hisser sa nacelle, il en gonfla bien d'autres
Que le vent dispersa. Fatigué des apôtres,
Il dépouilla leur froc. (Lui-même le premier
Souriait tristement de cet air cavalier
Dont sa marche, au début, avait été fardée
Et, pour d'obscurs combats, si pesamment bardée;
Car, plus grave à présent, d'une double lueur
Semblait se réchauffer et s'éclairer son cœur;
Le bon Sens qui se voit, la Candeur qui s'avoue,
Coloraient en parlant les pâleurs de sa joue!)
Laissant donc les couvents, panthéistes ou non,
Sur la poupe d'un drame il inscrivit son nom
Et vogua sur ces mers aux trompeuses étoiles;
Mais, faute de savoir, il sombra sous ses voiles
Avant d'avoir montré son pavillon aux airs.
Alors rien devant lui que flots noirs et déserts;

L'océan du travail si chargé de tempêtes
Où chaque vague emporte et brise mille têtes.
Là, flottant quelques jours sans force et sans fanal,
Son esprit surnagea dans les plis d'un journal,
Radeau désespéré que trop souvent déploie
L'équipage affamé qui se perd et se noie.
Il s'y noya de même, et de même, ayant faim,
Fit ce que fait tout homme invalide et sans pain,

« Je gémis, disait-il, d'avoir une pauvre âme
Faible autant que serait l'âme de quelque femme,
Qui ne peut accomplir ce qu'elle a commencé
Et s'abat au départ sur tout chemin tracé.
L'idée à l'horizon est à peine entrevue,
Que sa lumière écrase et fait ployer ma vue.
Je vois grossir l'obstacle en invincible amas,
Je tombe ainsi que Paul en marchant vers Damas.
— Pourquoi, me dit la voix qu'il faut aimer et craindre,
Pourquoi me poursuis-tu, toi qui ne peux m'étreindre ?
— Et le rayon me trouble et la voix m'étourdit,
Et je demeure aveugle et je me sens maudit »

III

« Non, criai-je en prenant ses deux mains dans les miennes:
Ni dans les grandes lois des croyances anciennes,
Ni dans nos dogmes froids, forgés à l'atelier,
Entre le banc du maître et ceux de l'écolier,
Ces faux Athéniens dépourvus d'atticisme,
Qui nous soufflent aux yeux des bulles de sophisme,
N'ont découvert un mot par qui fût condamné
L'homme aveuglé d'esprit plus que l'aveugle-né.

» C'est assez de souffrir sans se juger coupable
Pour avoir entrepris et pour être incapable,
J'aime, autant que le fort, le faible courageux
Qui lance un bras débile en des flots orageux,
De la glace d'un lac plonge dans la fournaise
Et d'un volcan profond va tourmenter la braise.
Ce Sisyphe éternel est beau, seul, tout meurtri,
Brûlé, précipité, sans jeter un seul cri,
Et n'avouant jamais qu'il saigne et qu'il succombe
A toujours ramasser son rocher qui retombe.
Si, plus haut parvenus, de glorieux esprits
Vous dédaignent jamais, méprisez leur mépris;

Car ce sommet de tout, dominant toute gloire,
Ils n'y sont pas, ainsi que l'œil pourrait le croire.
On n'est jamais en haut. Les forts, devant leurs pas,
Trouvent un nouveau mont inaperçu d'en bas.
Tel que l'on croit complet et maître en toute chose
Ne dit pas les savoirs qu'à tort on lui suppose,
Et qu'il est tel grand but qu'en vain il entreprit.
— Tout homme a vu le mur qui borne son esprit.

» Du corps et non de l'âme accusons l'indigence.
Des organes mauvais servent l'intelligence
Et touchent, en tordant et tourmentant leur nœud,
Ce qu'ils peuvent atteindre et non ce qu'elle veut.
En traducteurs grossiers de quelque auteur céleste
Ils parlent... Elle chante et désire le reste.
Et, pour vous faire ici quelque comparaison,
Regardez votre flûte, écoutez-en le son.
Est-ce bien celui-là que voulait faire entendre
La lèvre? Était-il pas ou moins rude ou moins tendre?
Eh bien, c'est au bois lourd que sont tous les défauts,
Votre souffle était juste et votre chant est faux,
Pour moi qui ne sais rien et vais du doute au rêve,
Je crois qu'après la mort, quand l'union s'achève,
L'âme retrouve alors la vue et la clarté,
Et que, jugeant son œuvre avec sérénité,
Comprenant sans obstacle et s'expliquant sans peine,
Comme ses sœurs du ciel elle est puissante et reine,

Se mesure au vrai poids, connait visiblement
Que son souffle était faux par le faux instrument,
N'était ni glorieux ni vil, n'étant pas libre ;
Que le corps seulement empêchait l'équilibre ;
Et, calme, elle reprend, dans l'idéal bonheur,
La sainte égalité des esprits du Seigneur, »

IV

Le pauvre alors rougit d'une joie imprévue,
Et contempla sa Flûte avec une autre vue ;
Puis, me connaissant mieux, sans craindre mon aspect,
Il la baisa deux fois en signe de respect,
Et joua, pour quitter ses airs anciens et tristes,
Ce *Salve Regina* que chantent les Trappistes,
Son regard attendri paraissait inspiré,
La note était plus juste et le souffle assuré.

LE MONT DES OLIVIERS

I

Alors il était nuit et Jésus marchait seul,
Vêtu de blanc ainsi qu'un mort de son linceul ;
Les disciples dormaient au pied de la colline,
Parmi les oliviers, qu'un vent sinistre incline,
Jésus marche à grands pas en frissonnant comme eux,
Triste jusqu'à la mort, l'œil sombre et ténébreux,
Le front baissé croisant les deux bras sur sa robe
Comme un voleur de nuit cachant ce qu'il dérobe,
Connaissant les rochers mieux qu'un sentier uni,
Il s'arrête en un lieu nommé Gethsémani.
Il se courbe, à genoux, le front contre la terre ;
Puis regarde le ciel en appelant : « Mon père ! »
— Mais le ciel reste noir, et Dieu ne répond pas.

Il se lève étonné, marche encore à grands pas,
Froissant les oliviers qui tremblent. Froide et lente
Découle de sa tête une sueur sanglante.
Il recule, il descend, il crie avec effroi :
« Ne pourriez-vous prier et veiller avec moi ? »
Mais un sommeil de mort accable les apôtres.
Pierre à la voix du maître est sourd comme les autres.
Le Fils de l'Homme alors remonte lentement ;
Comme un pasteur d'Égypte, il cherche au firmament
Si l'Ange ne luit pas au fond de quelque étoile.
Mais un nuage en deuil s'étend comme le voile
D'une veuve, et ses plis entourent le désert.
Jésus, se rappelant ce qu'il avait souffert
Depuis trente-trois ans, devint homme, et la crainte
Serra son cœur mortel d'une invincible étreinte.
Il eut froid. Vainement il appela trois fois :
« Mon père ! » Le vent seul répondit à sa voix.
Il tomba sur le sable assis, et dans sa peine,
Eut sur le monde et l'homme une pensée humaine.
— Et la terre trembla, sentant la pesanteur
Du Sauveur qui tombait aux pieds du Créateur.

II

Jésus disait : « O Père, encor laisse-moi vivre !
Avant le dernier mot ne ferme pas mon livre !

Ne sens-tu pas le monde et tout le genre humain
Qui souffre avec ma chair et frémit dans ta main?
C'est que la Terre a peur de rester seule et veuve,
Quand meurt celui qui dit une parole neuve;
Et que tu n'as laissé dans son sein desséché
Tomber qu'un mot du ciel par ma bouche épanché.
Mais ce mot est si pur, et sa douceur est telle,
Qu'il a comme enivré la famille mortelle
D'une goutte de vie et de divinité,
Lorsqu'en ouvrant les bras j'ai dit : « Fraternité. »

» Père, oh! si j'ai rempli mon douloureux message
Si j'ai caché le Dieu sous la face du sage,
Du sacrifice humain si j'ai changé le prix,
Pour l'offrande des corps recevant les esprits,
Substituant partout aux choses le symbole,
La parole au combat, comme au trésor l'obole,
Aux flots rouges du sang les flots vermeils du vin,
Aux membres de la chair le pain blanc sans levain;
Si j'ai coupé les temps en deux parts, l'une esclave
Et l'autre libre; — au nom du passé que je lave,
Par le sang de mon corps qui souffre et va finir,
Versons-en la moitié pour laver l'avenir!
Père libérateur! jette aujourd'hui, d'avance,
La moitié de ce sang d'amour et d'innocence
Sur la tête de ceux qui viendront en disant :
« Il est permis pour tous de tuer l'innocent. »

Nous savons qu'il naîtra, dans le lointain des âges,
Des dominateurs durs escortés de faux sages
Qui troubleront l'esprit de chaque nation
En donnant un faux sens à ma rédemption.
— Hélas! je parle encor, que déjà ma parole
Est tournée en poison dans chaque parabole ;
Éloigne ce calice impur et plus amer
Que le fiel, ou l'absinthe, ou les eaux de la mer.
Les verges qui viendront, la couronne d'épine,
Les clous des mains, la lance au fond de ma poitrine,
Enfin toute la croix qui se dresse et m'attend,
N'ont rien, mon Père, oh! rien qui m'épouvante autant!
Quand les Dieux veulent bien s'abattre sur les mondes,
Ils n'y doivent laisser que des traces profondes ;
Et, si j'ai mis le pied sur ce globe incomplet,
Dont le gémissement sans repos m'appelait,
C'était pour y laisser deux Anges à ma place
De qui la race humaine aurait baisé la trace,
La Certitude heureuse et l'Espoir confiant
Qui, dans le paradis, marchent en souriant.
Mais je vais la quitter, cette indigente terre,
N'ayant que soulevé ce manteau de misère
Qui l'entoure à grands plis, drap lugubre et fatal,
Que d'un bout tient le Doute et de l'autre le Mal,

Mal et Doute! En un mot je puis les mettre en poudre.
Vous les aviez prévus, laissez-moi vous absoudre
De les avoir permis. — C'est l'accusation
Qui pèse de partout sur la création! —
Sur son tombeau désert faisons monter Lazare.
Du grand secret des morts qu'il ne soit plus avare,
Et de ce qu'il a vu donnons-lui souvenir;
Qu'il parle. — Ce qui dure et ce qui doit finir,
Ce qu'a mis le Seigneur au cœur de la Nature,
Ce qu'elle prend et donne à toute créature,
Quels sont avec le ciel ses muets entretiens,
Son amour ineffable et ses chastes liens;
Comment tout s'y détruit et tout s'y renouvelle,
Pourquoi ce qui s'y cache et ce qui s'y révèle;
Si les astres des cieux tour à tour éprouvés
Sont comme celui-ci coupables et sauvés;
Si la terre est pour eux ou s'ils sont pour la terre;
Ce qu'a de vrai la fable et de clair le mystère,
D'ignorant le savoir et de faux la raison;
Pourquoi l'âme est liée en sa faible prison;
Et pourquoi nul sentier entre deux larges voies,
Entre l'ennui du calme et des paisibles joies
Et la rage sans fin des vagues passions,
Entre la léthargie et les convulsions;
Et pourquoi pend la Mort comme une sombre épée
Attristant la Nature à tout moment frappée;
Si le juste et le bien, si l'injuste et le mal
Sont de vils accidents en un cercle fatal,

Ou si de l'univers ils sont les deux grandes pôles,
Soutenant terre et cieux sur leurs vastes épaules;
Et pourquoi les Esprits du mal sont triomphants
Des maux immérités de la mort des enfants;
Et si les Nations sont des femmes guidées
Par les étoiles d'or des divines idées,
Ou de folles enfants sans lampes dans la nuit,
Se heurtant et pleurant et que rien ne conduit;
Et, si, lorsque des temps l'horloge périssable
Aura jusqu'au dernier versé ses grains de sable,
Un regard de vos yeux, un cri de votre voix,
Un soupir de mon cœur, un signe de ma croix,
Pourra faire ouvrir l'ongle aux Peines éternelles,
Lâcher leur proie humaine et reployer leurs ailes;
— Tout sera révélé dès que l'homme saura
De quels lieux il arrive et dans quels il ira. »

III

Ainsi le divin Fils parlait au divin Père.
Il se prosterne encore, il attend, il espère,
Mais il remonte et dit : « Que votre volonté
Soit faite et non la mienne, et pour l'éternité. »
Une terreur profonde, une angoisse infinie
Redoublent sa torture et sa lente agonie.

Il regarde longtemps, longtemps cherche sans voir.
Comme un marbre de deuil tout le ciel était noir;
La Terre, sans clartés, sans astre et sans aurore,
Et sans clartés de l'âme ainsi qu'elle est encore,
Frémissait. — Dans le bois il entendit des pas,
Et puis il vit rôder la torche de Judas.

LE SILENCE

S'il est vrai qu'au Jardin sacré des Écritures,
Le Fils de l'Homme ait dit ce qu'on voit rapporté
Muet, aveugle et sourd au cri des créatures,
Si le Ciel nous laissa comme un monde avorté,
Le juste opposera le dédain à l'absence
Et ne répondra plus que par un froid silence
Au silence éternel de la Divinité.

2 avril 1862.

LA BOUTEILLE A LA MER

CONSEIL A UN JEUNE HOMME INCONNU

I

Courage, ô faible enfant de qui ma solitude
Reçoit ces chants plaintifs, sans nom, que vous jetez
Sous mes yeux ombragés du camail de l'étude.
Oubliez les enfants par la mort arrêtés ;
Oubliez Chatterton, Gilbert et Malfilâtre ;
De l'œuvre d'avenir saintement idolâtre,
Enfin, oubliez l'homme en vous-même. — Écoutez :

II

Quand un grave marin voit que le vent l'emporte
Et que les mâts brisés pendent tous sur le pont,

Que dans son grand duel la mer est la plus forte
Et que par des calculs l'esprit en vain répond ;
Que le courant l'écrase et le roule en sa course,
Qu'il est sans gouvernail et, partant, sans ressource,
Il se croise les bras dans un calme profond.

III

Il voit les masses d'eau, les toise et les mesure,
Les méprise en sachant qu'il en est écrasé,
Soumet son âme au poids de la matière impure
Et se sent mort ainsi que son vaisseau rasé.
— A de certains moments, l'âme est sans résistance ;
Mais le penseur s'isole et n'attend d'assistance
Que de la forte foi dont il est embrasé.

IV

Dans les heures du soir, le jeune Capitaine
A fait ce qu'il a pu pour le salut des siens.
Nul vaisseau n'apparaît sur la vague lointaine,
La nuit tombe, et le brick court aux rocs indiens.
— Il se résigne, il prie ; il se recueille, il pense

A celui qui soutient les pôles et balance
L'équateur hérissé des longs méridiens.

V

Son sacrifice est fait; mais il faut que la terre
Recueille du travail le pieux monument.
C'est le journal savant, le calcul solitaire,
Plus rare que la perle et que le diamant;
C'est la carte des flots faite dans la tempête,
La carte de l'écueil qui va briser sa tête :
Aux voyageurs futurs sublime testament.

VI

Il écrit : « Aujourd'hui, le courant nous entraîne,
Désemparés, perdus, sur la Terre-de-Feu.
Le courant porte à l'est. Notre mort est certaine :
Il faut cingler au nord pour bien passer ce lieu.
— Ci-joint est mon journal, portant quelques études
Des constellations des hautes latitudes.
Qu'il aborde, si c'est la volonté de Dieu! »

VII

Puis, immobile et froid, comme le cap des brumes
Qui sert de sentinelle au détroit Magellan,
Sombre comme ces rocs au front chargé d'écumes [1],
Ces pics noirs dont chacun porte un deuil castillan,
Il ouvre une Bouteille et la choisit très-forte,
Tandis que son vaisseau que le courant emporte
Tourne en un cercle étroit comme un vol de milan.

VIII

Il tient dans une main cette vieille compagne,
Ferme, de l'autre main, son flanc noir et terni.
Le cachet porte encor le blason de Champagne,
De la mousse de Reims son col vert est jauni.
D'un regard, le marin en soi-même rappelle
Quel jour il assembla l'équipage autour d'elle,
Pour porter un grand toste au pavillon béni.

1 Les pics San-Diego, San-Ildefonso.

IX

On avait mis en panne, et c'était grande fête ;
Chaque homme sur son mât tenait le verre en main ;
Chacun à son signal se découvrit la tête,
Et répondit d'en haut par un hourra soudain.
Le soleil souriant dorait les voiles blanches ;
L'air ému répétait ces voix mâles et franches,
Ce noble appel de l'homme à son pays lointain.

X

Après le cri de tous, chacun rêve en silence.
Dans la mousse d'Aï luit l'éclair d'un bonheur ;
Tout au fond de son verre il aperçoit la France.
La France est pour chacun ce qu'y laissa son cœur :
L'un y voit son vieux père assis au coin de l'âtre,
Comptant ses jours d'absence ; à la table du pâtre,
Il voit sa chaise vide à côté de sa sœur.

XI

Un autre y voit Paris, où sa fille penchée
Marque avec les compas tous les souffles de l'air,
Ternit de pleurs la glace où l'aiguille est cachée,
Et cherche à ramener l'aimant avec le fer.
Un autre y voit Marseille. Une femme se lève,
Court au port et lui tend un mouchoir de la grève,
Et ne sent pas ses pieds enfoncés dans la mer.

XII

O superstition des amours ineffables,
Murmures de nos cœurs qui nous semblez des voix,
Calculs de la science, ô décevantes fables!
Pourquoi nous apparaître en un jour tant de fois?
Pourquoi vers l'horizon nous tendre ainsi des piéges?
Espérances roulant comme roulent les neiges;
Globes toujours pétris et fondus sous nos doigts!

XIII

Où sont-ils à présent? où sont ces trois cents braves?
Renversés par le vent dans les courants maudits,
Aux harpons indiens ils portent pour épaves
Leurs habits déchirés sur leurs corps refroidis.
Les savants officiers, la hache à la ceinture,
Ont péri les premiers en coupant la mâture :
Ainsi, de ces trois cents, il n'en reste que dix!

XIV

Le capitaine encor jette un regard au pôle
Dont il vient d'explorer les détroits inconnus.
L'eau monte à ses genoux et frappe son épaule ;
Il peut lever au ciel l'un de ses deux bras nus.
Son navire est coulé, sa vie est révolue :
Il lance la Bouteille à la mer, et salue
Les jours de l'avenir qui pour lui sont venus.

XV

Il sourit en songeant que ce fragile verre
Portera sa pensée et son nom jusqu'au port;
Que d'une île inconnue il agrandit la terre;
Qu'il marque un nouvel astre et le confie au sort;
Que Dieu peut bien permettre à des eaux insensées
De perdre des vaisseaux, mais non pas des pensées;
Et qu'avec un flacon il a vaincu la mort.

XVI

Tout est dit. A présent, que Dieu lui soit en aide!
Sur le brick englouti l'onde a pris son niveau.
Au large flot de l'est le flot de l'ouest succède,
Et la Bouteille y roule en son vaste berceau.
Seule dans l'Océan la frêle passagère
N'a pas pour se guider une brise légère;
Mais elle vient de l'arche et porte le rameau.

XVII

Les courants l'emportaient, les glaçons la retiennent
Et la couvrent des plis d'un épais manteau blanc.
Les noirs chevaux de mer la heurtent, puis reviennent
La flairer avec crainte, et passent en soufflant.
Elle attend que l'été, changeant ses destinées,
Vienne ouvrir le rempart des glaces obstinées,
Et vers la ligne ardente elle monte en roulant.

XVIII

Un jour, tout était calme et la mer Pacifique,
Par ses vagues d'azur, d'or et de diamant,
Renvoyait ses splendeurs au soleil du tropique.
Un navire y passait majestueusement ;
Il a vu la Bouteille aux gens de mer sacrée :
Il couvre de signaux sa flamme diaprée,
Lance un canot en mer et s'arrête un moment.

XIX

Mais on entend au loin le canon des Corsaires;
Le Négrier va fuir s'il peut prendre le vent.
Alerte ! et coulez bas ces sombres adversaires !
Noyez or et bourreaux du couchant au levant !
La Frégate reprend ses canots et les jette
En son sein, comme fait la sarigue inquiète,
Et par voile et vapeur vole et roule en avant.

XX

Seule dans l'Océan, seule toujours ! — Perdue
Comme un point invisible en un mouvant désert,
L'aventurière passe errant dans l'étendue,
Et voit tel cap secret qui n'est pas découvert.
Tremblante voyageuse à flotter condamnée,
Elle sent sur son col que depuis une année
L'algue et les goëmons lui font un manteau vert.

XXI

Un soir enfin, les vents qui soufflent des Florides
L'entraînent vers la France et ses bords pluvieux.
Un pêcheur accroupi sous des rochers arides
Tire dans ses filets le flacon précieux.
Il court, cherche un savant et lui montre sa prise,
Et, sans l'oser ouvrir, demande qu'on lui dise
Quel est cet élixir noir et mystérieux.

XXII

Quel est cet élixir? Pêcheur, c'est la science,
C'est l'élixir divin que boivent les esprits,
Trésor de la pensée et de l'expérience ;
Et, si tes lourds filets, ô pêcheur, avaient pris
L'or qui toujours serpente aux veines du Mexique,
Les diamants de l'Inde et les perles d'Afrique,
Ton labeur de ce jour aurait eu moins de prix.

XXIII

Regarde. — Quelle joie ardente et sérieuse!
Une gloire de plus luit dans la nation.
Le canon tout-puissant et la cloche pieuse
Font sur les toits tremblants bondir l'émotion.
Aux héros du savoir plus qu'à ceux des batailles
On va faire aujourd'hui de grandes funérailles.
Lis ce mot sur les murs : « Commémoration! »

XXIV

Souvenir éternel! gloire à la découverte
Dans l'homme ou la nature égaux en profondeur,
Dans le Juste et le Bien, source à peine entr'ouverte,
Dans l'Art inépuisable, abîme de splendeur!
Qu'importe oubli, morsure, injustice insensée,
Glaces et tourbillons de notre traversée?
Sur la pierre des morts croît l'arbre de grandeur.

XXV

Cet arbre est le plus beau de la terre promise,
C'est votre phare à tous, Penseurs laborieux !
Voguez sans jamais craindre ou les flots ou la brise
Pour tout trésor scellé du cachet précieux.
L'or pur doit surnager, et sa gloire est certaine ;
Dites en souriant comme ce capitaine :
« Qu'il aborde, si c'est la volonté des dieux !

XXVI.

Le vrai Dieu, le Dieu fort est le Dieu des idées.
Sur nos fronts où le germe est jeté par le sort,
Répandons le Savoir en fécondes ondées ;
Puis, recueillant le fruit tel que de l'âme il sort,
Tout empreint du parfum des saintes solitudes,
Jetons l'œuvre à la mer, la mer des multitudes :
— Dieu la prendra du doigt pour la conduire au port.

Au Maine-Giraud, octobre 1853.

WANDA

HISTOIRE RUSSE

CONVERSATION AU BAL A PARIS

—

I

UN FRANÇAIS.

Qui donc vous a donné ces bagues enchantées
Que vous ne touchez pas sans un air de douleur?
Vos mains, par ces rubis, semblent ensanglantées.
Ces cachets grecs, ces croix, souvenirs d'un malheur,
Sont-ils chers et cruels? sont-ils expiatoires?
Le pays des Ivans a seul ces perles noires,
D'une contrée en deuil symboles sans couleur.

II

WANDA, grande dame russe.

Celle qui m'a donné ces ornements de fête,
Ce cachet dont un czar fut le seul possesseur,
Ces diamants en feu qui tremblent sur ma tête,
Ces reliques sans prix d'un saint intercesseur,
Ces rubis, ces saphirs qui chargent ma ceinture,
Ce bracelet qu'émaille une antique peinture,
Ces talismans sacrés, c'est l'esclave ma sœur.

III

Car elle était princesse, et maintenant qu'est-elle ?
Nul ne l'oserait dire et n'ose le savoir.
On a rayé le nom dont le monde l'appelle.
Elle n'est qu'une femme et mange le pain noir,
Le pain qu'à son mari donne la Sibérie;
Et parmi les mineurs s'assied pâle et flétrie,
Et boit chaque matin les larmes du devoir.

IV

En ce temps-là, ma sœur, sur le seuil de sa porte,
Nous dit : « Vivez en paix, je vais garder ma foi,
Gardez ces vanités ; au monde je suis morte,
Puisque le seul que j'aime est mort devant la loi.
Des splendeurs de mon front conservez les ruines,
Je le suivrai partout, jusques au fond des mines ;
Vous qui savez aimer, vous feriez comme moi.

V

» L'empereur tout-puissant, qui voit d'en haut les choses,
Du prince mon seigneur voulut faire un forçat ;
Dieu seul peut reviser un jour ces grandes causes
Entre le souverain, le sujet et l'État.
Pour moi, je porterai mes fils sur mon épaule
Tandis que mon mari, sur la route du pôle,
Marche et traîne un boulet, conduit par un soldat.

VI

» La fatigue a courbé sa poitrine écrasée ;
Le froid gonfle ses pieds dans ces chemins mauvais ;
La neige tombe en flots sur sa tête rasée ;
Il brise les glaçons sur le bord des marais.
Lui de qui les aïeux s'élisaient pour l'empire
Répond : « Serge, » au camp même où tous leur disaient « Sire. »
Comment puis-je, à Moscou, dormir dans mon palais ?

VII

» Prenez donc, ô mes sœurs, ces signes de mollesse.
J'irai dans les caveaux, dans l'air empoisonneur,
Conservant seulement, de toute ma richesse,
L'aiguille et le marteau pour luxe et pour honneur ;
Et, puisqu'il est écrit que la race des Slaves
Doit porter et le joug et le nom des esclaves,
Je descendrai vivante au tombeau du mineur.

VIII

Là, j'aurai soin d'user ma vie avec la sienne,
Je soutiendrai ses bras quand il prendra l'essieu,
Je briserai mon corps pour que rien ne retienne
Mon âme quand son âme aura monté vers Dieu ;
Et bientôt, nous tirant des glaces éternelles,
L'ange de mort viendra nous prendre sous ses ailes
Pour nous porter ensemble aux chaleurs du ciel bleu. »

IX

Et ce qu'elle avait dit, ma sœur l'a bien su faire ;
Elle a tissé le lin, et de ses écheveaux
Espère en vain former son linceul mortuaire ;
Et depuis vingt hivers achève vingt travaux,
Calculant jour par jour, sur ses mains enchaînées,
Le grain du chapelet de ses sombres années.
Quatre enfants ont grandi dans l'ombre des caveaux.

X

Leurs yeux craignent le jour quand sa lumière pâle
Trois fois dans une année éclaire leur pâleur.
Comme pour les agneaux la brebis et le mâle
Sont parqués à la fois par le mauvais pasteur.
La mère eût bien voulu qu'on leur apprît à lire,
Puisqu'ils portaient le nom des princes de l'empire
Et n'ont rien fait encor qui blesse l'empereur.

XI

Un jour de fête, on a demandé cette grâce
Au czar toujours affable et clément souverain,
Lorsqu'au front des soldats seul il passe et repasse.
Après dix ans d'attente, il répondit enfin :
« Un esclave a besoin d'un marteau, non d'un livre
La lecture est fatale à ceux-là qui, pour vivre,
Doivent avoir bon bras pour gagner un bon pain.

XII

Ce mot fut un couteau pour le cœur de la mère;
Avant qu'il ne fût dit, quand s'asseyait ma sœur,
Ses larmes sillonnaient la neige sur la terre;
Tombant devant ses pieds, non sans quelque douceur.
Mais, aujourd'hui, sans pleurs, elle passe l'année
A regarder ses fils d'une vue étonnée ;
Ses yeux secs sont glacés d'épouvante et d'horreur !

XIII

LE FRANÇAIS.

Wanda, j'écoute encore après votre silence;
J'ai senti sur mon cœur poser ce doigt d'airain
Qui porte au bout du monde à toute âme qui pense
Les épouvantements du fatal souverain.
Cet homme enseveli vivant avec sa femme,
Ces esclaves enfants dont on va tuer l'âme,
Est-ce de notre siècle ou du temps d'Ugolin?

XIV

Non, non, il n'est pas vrai que le peuple en tout âge,
Lui seul ait travaillé, lui seul ait combattu ;
Que l'immolation, la force et le courage
N'habitent pas un cœur de velours revêtu.
Plus belle était la vie et plus grande est sa perte,
Plus pur est le calice où l'hostie est offerte.
Sacrifice, ô toi seul peut-être es la vertu !

XV

Tandis que vous parliez, je sentais dans mes veines
Les imprécations bouillonner sourdement.
Vous ne maudissez pas, ô vous, femmes romaines !
Vous traînez votre joug silencieusement.
Éponines du Nord, vous dormez dans vos tombes,
Vous soutenez l'esclave au fond des catacombes
D'où vous ne sortirez qu'au dernier jugement.

XVI

Peuple silencieux, souverain gigantesque!
Lutteurs de fer toujours muets et combattants!
Pierre avait commencé ce duel romanesque :
Le verrons-nous finir? Est-il de notre temps?
Le dompteur est debout nuit et jour et surveille
Le dompté qui se tait jusqu'à ce qu'il s'éveille,
Se regardant l'un l'autre ainsi que deux Titans.

XVII

En bas, le peuple voit de son œil de Tartare
Ses seigneurs révoltés, combattus par ses czars,
Aiguise sur les pins sa hache et la prépare
A peser tout son poids dans les futurs hasards.
En haut, seul, l'empereur sur la Russie entière
Promène en galopant l'autre hache dont Pierre
Abattit de sa main les têtes des boyards.

XVIII

Une nuit, on a vu ces deux larges cognées
Se heurter, se porter des coups profonds et lourds.
Les hommes sont tombés ; les femmes, résignées,
Ont marché dans la neige à la voix des tambours,
Et, comme votre sœur, ont d'une main meurtrie
Bercé leurs fils au bord des lacs de Sibérie,
Et cherché pour dormir la tanière des ours.

XIX

Et ces femmes sans peur, ces reines détrônées,
Dédaignent de se plaindre et s'en vont au désert
Sans détourner les yeux, sans même être étonnées
En passant sous la porte où tout espoir se perd.
A voir leur front si calme, on croirait qu'elles savent
Que leurs ans, jour par jour, par avance se gravent
Sur un livre éternel devant le czar ouvert.

XX

Quel signe formidable a-t-il au front, cet homme ?
Qui donc ferma son cœur des trois cercles de fer
Dont s'étaient cuirassés les empereurs de Rome
Contre les cris de l'âme et les cris de la chair ?
Croit-on parmi vos serfs qu'à la fin il se lasse
De semer les martyrs sur la neige et la glace,
D'entasser les damnés dans un terrestre enfer ?

XXI

S'il était vrai qu'il eût au fond de sa poitrine
Un cœur de père ému des pâleurs d'un enfant,
Qu'assis près de sa fille à la beauté divine
Il eût les yeux en pleurs, l'air doux et triomphant,
Qu'il eût pour rêve unique et désir de son âme
Quelques jours de repos pour emporter sa femme
Sous les soleils du sud qui réchauffent le sang ;

XXII

S'il était vrai qu'il eût conduit hors du servage
Un peuple tout entier de sa main racheté,
Créant le pasteur libre et créant le village
Où l'esclave tartare avait seul existé,
Pareil au voyageur dont la richesse est fière
D'acheter mille oiseaux et d'ouvrir la volière
Pour leur rendre à la fois l'air et la liberté ;

XXIII

Il aurait déjà dit : « J'ai pitié, je fais grâce ;
L'ancien crime est lavé par les martyrs nouveaux ; »
Sa voix aurait trois fois répété dans l'espace,
Comme la voix de l'ange ouvrant les derniers sceaux,
Devant les nations surprises, attentives,
Devant la race libre et les races captives :
« La brebis m'a vaincu par le sang des agneaux. »

XXIV

Mais il n'a point parlé, mais cette année encore
Heure par heure en vain lentement tombera,
Et la neige sans bruit, sur la terre incolore,
Aux pieds des exilés nuit et jour gèlera.
Silencieux devant son armée en silence,
Le czar, en mesurant la cuirasse et la lance,
Passera sa revue et toujours se taira.

5 novembre 1847.

DIX ANS APRÈS

UN BILLET DE WANDA

AU MÊME FRANÇAIS

A PARIS

De Tobolsk en Sibérie, le 21 octobre 1855, jour de la bataille de l'Alma.

Vous disiez vrai. Le czar s'est tu. — Ma sœur est morte.
Les serfs de Sibérie ont porté le cercueil,
Et les fils de la sainte et de la femme forte
Comme esclaves suivaient, sans nom, sans rang, sans deuil.
La cloche seule émeut la ville inanimée.
Mais, au sud, le canon s'entend vers la Crimée,
Et c'est au cœur de l'ours que Dieu frappe l'orgueil.

SECOND BILLET DE WANDA

AU MÊME FRANÇAIS

De Tobolsk en Sibérie, après la prise du fort Malakof.

Sébastopol détruit n'est plus. — L'aigle de France
L'a rasé de la terre, et le czar étonné
Est mort de rage. — On dit que la balance immense
Du Seigneur a paru quand la foudre a tonné.
— La sainte la tenait flottante dans l'espace.
L'épouse, la martyre a peut-être fait grâce,
Dieu du ciel! — Mais la mère a-t-elle pardonné?

L'ESPRIT PUR

A ÉVA

—

I

Si l'orgueil prend ton cœur quand le peuple me nomme,
Que de mes livres seuls te vienne ta fierté.
J'ai mis sur le cimier doré du gentilhomme
Une plume de fer qui n'est pas sans beauté.
J'ai fait illustre un nom qu'on m'a transmis sans gloire,
Qu'il soit ancien, qu'importe? il n'aura de mémoire
Que du jour seulement où mon front l'a porté.

II

Dans le caveau des miens plongeant mes pas nocturnes,
J'ai compté mes aïeux, suivant leur vieille loi.
J'ouvris leurs parchemins, je fouillai dans leurs urnes
Empreintes sur le flanc des sceaux de chaque roi.
A peine une étincelle a relui dans leur cendre.
C'est en vain que d'eux tous le sang m'a fait descendre;
Si j'écris leur histoire, ils descendront de moi.

III

Ils furent opulents, seigneurs de vastes terres,
Grands chasseurs devant Dieu, comme Némrod, jaloux
Des beaux cerfs qu'ils lançaient des bois héréditaires
Jusqu'où voulait la mort les livrer à leurs coups;
Suivant leur forte meute à travers deux provinces,
Coupant les chiens du roi, déroutant ceux des princes,
Forçant les sangliers et détruisant les loups;

IV

Galants guerriers sur terre et sur mer, se montrèrent
Gens d'honneur en tout temps comme en tous lieux, cherchant
De la Chine au Pérou les Anglais, qu'ils brûlèrent
Sur l'eau qu'ils écumaient du levant au couchant;
Puis, sur leur talon rouge, en quittant les batailles,
Parfumés et blessés revenaient à Versailles
Jaser à l'Œil-de-bœuf avant de voir leur champ.

V

Mais les champs de la Beauce avaient leurs cœurs, leurs âmes,
Leurs soins. Ils les peuplaient d'innombrables garçons,
De filles qu'ils donnaient aux chevaliers pour femmes,
Dignes de suivre en tout l'exemple et les leçons;
Simples et satisfaits si chacun de leur race
Apposait saint Louis en croix sur sa cuirasse,
Comme leurs vieux portraits qu'aux murs noirs nous plaçons.

VI

Mais aucun, au sortir d'une rude campagne,
Ne sut se recueillir, quitter le destrier,
Dételer pour un jour ses palefrois d'Espagne,
Ni des coursiers de chasse enlever l'étrier
Pour graver quelque page et dire en quelque livre
Comme son temps vivait et comment il sut vivre,
Dès qu'ils n'agissaient plus, se hâtant d'oublier.

VII

Tous sont morts en laissant leur nom sans auréole;
Mais sur le disque d'or voilà qu'il est écrit,
Disant : « Ici passaient deux races de la Gaule
Dont le dernier vivant monte au temple et s'inscrit.
Non sur l'obscur amas des vieux noms inutiles,
Des orgueilleux méchants et des riches futiles,
Mais sur le pur tableau des livres de l'ESPRIT. »

VIII

Ton règne est arrivé, PUR ESPRIT, roi du monde !
Quand ton aile d'azur dans la nuit nous surprit,
Déesse de nos mœurs, la guerre vagabonde
Régnait sur nos aïeux. Aujourd'hui, c'est l'ÉCRIT,
L'ÉCRIT UNIVERSEL, parfois impérissable,
Que tu graves au marbre ou traînes sur le sable,
Colombe au bec d'airain ! VISIBLE SAINT-ESPRIT !

IX.

Seul et dernier anneau de deux chaînes brisées,
Je reste. Et je soutiens encor dans les hauteurs,
Parmi les maîtres purs de nos savants musées ;
L'IDÉAL du poëte et des graves penseurs.
J'éprouve sa durée en vingt ans de silence,
Et toujours, d'âge en âge encor, je vois la France
Contempler mes tableaux et leur jeter des fleurs,

X

Jeune postérité d'un vivant qui vous aime!
Mes traits dans vos regards ne sont pas effacés;
Je peux en ce miroir *me connaître moi-même*,
Juge toujours nouveau de nos travaux passés!
Flots d'amis renaissants! Puissent mes destinées
Vous amener à moi, de dix en dix années,
Attentifs à mon œuvre, et pour moi c'est assez!

10 mars 1863.

NOTE

POUR LE POËME DE WANDA

LA RUSSIE ET LES RUSSES

PAR N. TOURGUENIEF.

(Tome Ier, page 104.)

... Ce sont les femmes surtout, qui dans cette circonstance comme toujours, ont agi le plus éloquemment.

Une d'entre elles, belle et accomplie, appartenant à une famille illustre, et nouvellement mariée à un des condamnés, N. M. (je crois Nicolas Mouravief), n'hésita pas un moment à le suivre en Sibérie, où son propre frère fut aussi envoyé. Là, elle donna le jour à un enfant.

La rigueur du climat, dans l'endroit où elle se trouvait, était très-défavorable à cette pauvre créature et à la mère elle-même.

Pendant longtemps, on sollicita pour cette famille la faveur d'être envoyée ailleurs, même dans cette affreuse Sibérie; ce fut toujours en vain. — La mort vint mettre un terme aux souffrances de cette femme héroïque.

Une autre, la jeune et riche épouse du prince Tr... (je pense Troubetzkoï), au moment où l'arrêt qui condamnait son mari lui fut connu, déclara qu'elle le suivrait, et accomplit sa résolution, malgré *l'opposition* de ses parents, qui n'étaient *que des courtisans.*

Un jeune Français, qui se trouvait attaché comme secrétaire particulier au comte L. (peut-être Laval), père de madame T..., pensant aux difficultés qu'aurait pour elle un pareil voyage, l'accompagna également.

Il revint bientôt en France et put donner quelques renseignements sur la position des exilés. Lorsqu'elle fut arrivée à destination, on dit à la princesse Tr... que, son mari devant rester prisonnier, elle pourrait se loger dans une maison particulière et qu'elle aurait la permission de le voir une ou deux fois par semaine.

Elle persista à vouloir entrer elle-même en prison pour être toujours auprès de lui.

On lui représenta vainement que, dans ce cas, elle ne pourrait conserver auprès d'elle personne pour la servir. — Elle accepta toutes ces conditions et continua longtemps à remplir elle-même les pénibles devoirs d'un ménage de prison.

(Tome III, page 16.)

... Que la Russie, poussée nécessairement vers la civilisation européenne, n'y a choisi avec ardeur que les formes et les usages superficiels.

(Même tome, page 38.)

L'esclavage et la Pologne, obstacles à la civilisation en Russie.

FIN

TABLE

LIVRE MYSTIQUE

	Pages.
Moïse, poëme..	5
Éloa, sœur des Anges, mystère.	11
Chant premier. Naissance.	ibid.
Chant deuxième. Séduction.	25
Chant troisième. Chute.	35
Le Déluge, mystère..	49

LIVRE ANTIQUE

ANTIQUITÉ BIBLIQUE

La Fille de Jephté, poëme	67
La Femme adultère.	73
Le Bain. Fragment d'un poëme de Suzanne.	81

ANTIQUITÉ HOMÉRIQUE

La Somnambule, poëme.	85
La Dryade, idylle.	89
Symétha, élégie.	97
Le Bain d'une dame romaine.	101

LIVRE MODERNE

Dolorida, poëme.	105
Le Malheur.	113
La Prison, poëme. Dix-septième siècle.	117
Madame de Soubise, poëme. Seizième siècle.	131
La Neige, poëme.	141
Le Cor, poëme.	147
Le Bal, poëme.	153
Le Trappiste, poëme.	159
La Frégate la Sérieuse, ou la Plainte du Capitaine, poëme.	169
La Traversée.	171
Le Repos.	179
Le Combat.	180
Les Amants de Montmorency, élévation.	187
Paris, élévation.	193

LES DESTINÉES
POEMES PHILOSOPHIQUES
Œuvre posthume

Les Destinées.	207
La Maison du berger.	215
Les Oracles.	233
La Sauvage.	243
La Colère de Samson.	253
La Mort du loup.	261
La Flute.	267
Le Mont des Oliviers.	275
La Bouteille a la mer.	283
Wanda.	297
L'Esprit pur.	313
Note.	321

FIN DE LA TABLE.

POSSY. — IMP. ET STÉR. DE A. BOURET.

Contraste insuffisant
NF Z 43-120-14

www.ingramcontent.com/pod-product-compliance
Lightning Source LLC
Chambersburg PA
CBHW060656170426
43199CB00012B/1823